Inhalt

Vorwort

Die Geschichte des Dritten Reiches auf knappstem Raum darzustellen, ist ein Wagnis. Zum einen ist diese Zeit in den vergangenen Jahrzehnten so intensiv erforscht worden wie keine andere. Die dabei erzielten Erkenntnisse ergeben ein außerordentlich vielfältiges und kompliziertes Gesamtbild, das sich von der in früheren Jahren üblichen Reduzierung der Geschichte des NS-Staates auf wenige Personen und zentrale Ereignisse deutlich unterscheidet. Das macht eine Konzentration auf wenige Hauptlinien und Thesen problematisch. Zum anderen geht es hierbei ja nur für die Jahre von 1933 bis 1939 um spezifisch deutsche Geschichte. Die Jahre von 1939 bis 1945 hingegen sind Teil der europäischen und Weltgeschichte und für nahezu alle europäischen Staaten die bis heute schrecklichste Phase ihrer Vergangenheit. Eine solche umfassende Perspektive wird man in einer so komprimierten Überblicksdarstellung gewiss nicht angemessen repräsentieren können. Gleichwohl muss sich dieses Ungleichgewicht doch in den Proportionen der Erzählung niederschlagen.

So nimmt die Zeit bis 1939 nur etwa zwei Fünftel der Darstellung ein. Dabei kommt es mir im ersten Teil darauf an zu zeigen, welche längerfristigen, aus dem späten 19. Jahrhundert herüberreichenden Entwicklungen hier wirkmächtig wurden und wie sie sich mit den katastrophalen Erfahrungen des Ersten Weltkriegs und der Weltwirtschaftskrise verbanden. Bei der Darstellung der Vorkriegsjahre der NS-Herrschaft werden viele Ereignisse, die sonst zum Standardrepertoire der Geschichtserzählung gehören, relativ knapp oder gar nicht behandelt. Aber so interessant und aufschlussreich viele Aspekte dieser Jahre auch sind, in ihrer historischen Bedeutung stehen sie doch weit hinter jenen weltbewegenden Ereignissen des Kriegs gegen die Sowjetunion, der deutschen Besatzungsherrschaft in Europa oder der Ermordung der europäischen Juden zurück.

Diese knappe Darstellung kommt fast ganz ohne Berücksichtigung der Forschungsentwicklung und Forschungskontroversen aus, die an anderer Stelle ausführlich dargelegt wurden. Deshalb werden auch nur die Zitate nachgewiesen. Dieser Text ist zudem gewiss nicht um Vollständigkeit bemüht – eine solche wäre auch in einem viel längeren Text nicht einlösbar. Hier geht es vor allem darum, Zusammenhänge zu erläutern und Bezüge zu erklären, um die Geschichte des Dritten Reiches nicht in unverbundene Einzelheiten aufzulösen. Die Darstellung fußt in vielen Teilen auf meiner «Geschichte Deutschlands im 20. Jahrhundert», auch wenn hier zum Teil andere Akzente und Schwerpunkte gesetzt werden. Die hier vorgelegte knappe Skizze ist aber vor allem das Ergebnis der Diskussionen mit Studierenden, Doktoranden und den Kolleginnen und Kollegen über die NS-Zeit, bei denen wir in den vergangenen Jahren mit immer neuen, herausfordernden Fragen konfrontiert worden sind. Ich bin hier vor allem Sybille Steinbacher und Susanne Heim für kritische Lektüre und wichtige Hinweise dankbar. Im Widerspruch zu der (allerdings schon seit Jahrzehnten verbreiteten) Überzeugung, das Dritte Reich sei nun erforscht oder gar «aufgearbeitet», stehen wir in vielen Punkten doch erst am Anfang. So ist auch dieses Buch wie alle anderen nur als ein Zwischenergebnis zu verstehen.

Freiburg, im März 2016 Ulrich Herbert

ERSTER TEIL

Kaiserreich und Drittes Reich

Wie konnte es zur Machtübernahme des Nationalsozialismus in Deutschland kommen? Das ist keine Frage nur von Historikern. Sie wurde auch schon von den Zeitgenossen gestellt, von den Protagonisten selbst wie von auswärtigen Beobachtern. Lange Zeit dominierte dabei die Überzeugung, dass die Herrschaft der Nazis auf länger zurückliegende Fehlentwicklungen in der deutschen Geschichte zurückzuführen sei, auf einen deutschen «Sonderweg», der bis ins 18. Jahrhundert oder sogar noch weiter zurückreiche. Der Gedanke, dass die Entwicklung des deutschen «Untertanengeists» bis zu Friedrich dem Großen oder womöglich gar zu Martin Luther zurückzuverfolgen sei, erwies sich bald als wenig substantiell. Hingegen schien die These, dass sich im Verlaufe des 19. Jahrhunderts in Deutschland problematische Strukturen herausgebildet hätten, die die Etablierung der NS-Diktatur nach 1933 begünstigt hätten, plausibler zu sein. Sie ging, kurz gesagt, davon aus, dass Nationalstaat und Industrialisierung in Deutschland aufgrund der historisch bedingten Kleinstaaterei nur mit gehöriger Verspätung entstehen konnten. Das deutsche Bürgertum habe deshalb ein liberales, demokratisches Selbstbewusstsein nicht oder nur in Ansätzen entwickeln können. So sei auch die liberale Nationalbewegung mit der Revolution von 1848/49 gescheitert, am Widerstand des Adels und des preußischen Königs vor allem. In der Folge sei mit der von oben vollzogenen Reichsgründung 1871 ein halbfeudaler Obrigkeitsstaat entstanden, mit dem sich das Bürgertum, auch aus Angst vor der aufstrebenden Arbeiterbewegung, rasch arrangiert habe. Der übermächtige Einfluss der alten, vorindustriellen Eliten in der Großlandwirtschaft, dem Militär und der Ministerialverwaltung habe eine Demokratisierung und Parlamentarisierung Deutschlands verhindert, zugleich sei der

Nationalismus zu einem immer wichtiger werdenden Bindemittel der Massen geworden. Nach dem verlorenen Ersten Weltkrieg habe sich deshalb die Demokratie in der Weimarer Republik nur auf einen rasch schwindenden Teil der Bevölkerung stützen können und sei schließlich vom Bündnis der alten Eliten mit der nationalistischen Massenbewegung zerstört worden.

Einige Aspekte dieser Interpretationsrichtung sind nach wie vor einleuchtend, im Ganzen wurde sie aber vor allem durch zwei Argumente entkräftet: Zum einen setzte der Begriff «Sonderweg» eine Norm voraus, von der abgewichen wird – in diesem Fall die Abweichung Deutschlands von der Entwicklung der großen westlichen Demokratien. Jedoch entsprachen weder die Zustände in Frankreich noch die in Großbritannien einer solchen Norm der «Westlichkeit» – sei es in Bezug auf das Wahlrecht, die massiven sozialen Widersprüche oder, im Falle Frankreichs, die tiefen Gräben zwischen Befürwortern und Gegnern der Republik um die Jahrhundertwende. Und ganz zu schweigen wäre hier von der Kolonialpolitik der europäischen Staaten, die einem wertbezogenen Begriff von «Westlichkeit» vollständig widerspricht.

Zum anderen wirkte das von der Sonderwegstheorie gezeichnete Bild vom Deutschen Kaiserreich verzerrt und einseitig. Denn den nicht zu übersehenden Defiziten des politischen Systems, etwa bei der Parlamentarisierung, standen bemerkenswerte Fortschritte gegenüber, wie sie in anderen Ländern erst viel später erreicht wurden – das allgemeine Männerwahlrecht etwa, die ausgeprägte Rechtsstaatlichkeit oder die Sozialpolitik, bei der Deutschland weltweit Vorreiter war. Auch hatte die extreme Rechte in Deutschland vor 1914 keineswegs einen bestimmenden Einfluss. Und bedenkt man, dass sich die demokratischen Parteien in Deutschland bis 1930 immer auf eine klare Mehrheit hatten stützen können, so war das Scheitern der Weimarer Republik ja offenbar auch nicht unvermeidlich: Selbst im Frühjahr 1933 stimmte noch mehr als die Hälfte der Bevölkerung gegen die Nationalsozialisten.

Nun sind aber Kontinuitäten zwischen Kaiserreich und NS-Regime nicht zu bestreiten, doch liegen sie offenbar komplizierter, als es das simple Modell des «Sonderwegs» suggeriert, welches das wilhelminische Deutschland als vorgestrig, im Grunde gescheitert ansah. Denn ohne Zweifel war das Deutsche Reich in den 30 Jahren vor dem Ersten Weltkrieg neben den USA der erfolgreichste Staat der Welt: wirtschaftlich, wissenschaftlich und auch kulturell. Ein historisch unvergleichlicher, über mehr als zwanzig Jahre fast ungebremster wirtschaftlicher Aufschwung verwandelte Deutschland in diesen Jahren innerhalb einer Generation von einem Agrar- in einen Industriestaat. Die Entstehung der großen Industrieanlagen ging einher mit dem rapiden Wachstum der Städte, mit der Durchsetzung der modernen technischen Errungenschaften vom Telefon bis zum Automobil und dem Aufbau eines Schul- und Universitätssystems, das weltweit zum Vorbild wurde.

So definierte das Deutsche Kaiserreich bis weit in die zweite Hälfte des 20. Jahrhunderts hinein die Norm von Prosperität und Erfolg eines deutschen Gemeinwesens, und niemand anderes als der Historiker Hans-Ulrich Wehler, einer der markantesten Vertreter der Sonderwegsthese, bestätigte dem Kaiserreich «ein hohes Maß an Rechtssicherheit, politische Teilhaberechte wie nur wenige westliche Staaten, sozialpolitische Leistungen wie sonst nur Österreich und die Schweiz, Freiräume für entschiedene Kritik, Erfolgserlebnisse für die Opposition, Meinungsfreiheit mit seltenen Zensureingriffen, Bildungschancen, Aufstiegsmobilität, Wohlstandsanstieg» und «erfahrbar verbesserte Lebens- und Partizipationschancen».

Diese gewaltigen Fortschritte waren allerdings verbunden mit spektakulären und sehr rasch sich vollziehenden Wandlungsprozessen in der Kultur, der Gesellschaft, der Technik und der Wirtschaft, die für die meisten Menschen innerhalb kurzer Zeit enorme Veränderungen ihrer Lebensumstände mit sich brachten. Ein Großteil der Bevölkerung wanderte aus den ländlichen Regionen in die neuen städtisch-industriellen Zentren, sodass sich auch das soziale Profil der deutschen Gesellschaft tiefgreifend veränderte. Nicht mehr Adel, Geistlichkeit und «Bürgerstand» waren hier kennzeichnend, sondern die durch ihre Stellung in der kapitalistischen Marktgesellschaft definierten

Klassen: Bürgertum, Handwerker, Angestellte und Industriearbeiter. Zugleich wuchsen die Unterschiede zwischen Arm und Reich – nicht so massiv wie in Großbritannien, aber doch so stark, dass die Angst vor der «sozialen Zerreißung des Volkes» durch den modernen Kapitalismus zu einem der bestimmenden Themen dieser Jahre wurde.

Zweifellos waren solche Entwicklungen nicht auf Deutschland beschränkt, sondern (in verschiedenen Abstufungen) in den meisten Ländern West- und Nordeuropas zu beobachten. Der wichtigste Unterschied bestand aber in der außerordentlichen Geschwindigkeit der wirtschaftlichen, sozialen und kulturellen Veränderungen in diesen Jahrzehnten. Sie vor allem verlieh dem hier geschilderten Prozess jene spektakuläre Dramatik, welche schon die Zeitgenossen beeindruckte und die Entwicklung in Deutschland von derjenigen in anderen Ländern unterschied. In Großbritannien hatte sich der Wandel von der Agrar- zur Industriegesellschaft über siebzig oder achtzig Jahre hin erstreckt. In Frankreich blieb die beschleunigte Modernisierung ähnlich wie in Italien noch bis in die 1950er Jahre auf wenige industrielle Inseln begrenzt. In Deutschland hingegen konzentrierte sich der Wandlungsprozess auf die 25 Jahre vor dem Ersten Weltkrieg. Entsprechend waren hier die Reibungsflächen zwischen traditionalen und modernen Orientierungen größer, die Konfliktpotentiale vielfältiger und die Veränderungserfahrungen intensiver.

Diese Erfahrungen des Verlusts der herkömmlichen Lebensumstände bezogen sich etwa auf den Rückgang der religiösen Bindungen, auf den Aufstieg der Arbeiterbewegung, auf die Veränderungen bei den Geschlechterrollen und dem Verhältnis der Generationen zueinander. Um die Jahrhundertwende verdichteten sie sich in Abwehr und Ängsten und weiteten sich vor allem im Bürgertum zu einer manifesten Orientierungskrise aus. Die Opposition gegen Materialismus und die Macht des Geldes, gegen den «kalten» Intellekt, gegen Entfremdung und Vermassung fand hier ihre größte Verbreitung und erweiterte sich zu einem Aufbegehren gegen die kulturelle Moderne insgesamt.

Je schneller, neuer, heftiger die Neuerungen der eigenen Lebensumstände waren, desto wichtiger wurde der Bezug auf feste Gemeinschaften. Das richtete sich etwa auf das katholische Sozialmilieu, in dem die Katholiken im Glauben, aber auch im Leben in der Gemeinde mit ihren Sozialeinrichtungen und Festen Halt und Geborgenheit fanden. Das galt ebenso und womöglich noch stärker für die Arbeiterorganisationen der neuen Klasse der Proletarier: Hier fanden die überwiegend aus den ländlichen Regionen in die Industriestädte gewanderten Arbeiter Zusammenhalt und Solidarität, Hilfe bei Krankheit und Schutz für ihre Familien.

Am stärksten aber wirkte der Bezug auf die Nation. Sie vermittelte in Deutschland ein Gefühl der natürlichen Zugehörigkeit, durch das die Irritationen der modernen Industriegesellschaft überwunden und Zukunftsängste und Orientierungsverlust kompensiert werden konnten. Der Nationalismus wirkte so wie ein Antidot gegen viele Beschwernisse und Beängstigungen, gegen das Leiden an sozialer Zerrissenheit und die Resignation vor der Kompliziertheit der modernen Welt. Zugleich vermittelte er aber auch die neue Erfahrung des Rausches einer Massenveranstaltung oder die neu erwachte Lust an der wachsenden Macht eines großen Nationalstaats.

Innenpolitisch wurde der Nationalismus zum Integrationsmotor des jungen und landsmannschaftlich überaus heterogenen Staates. Ausgangspunkt war dabei zunächst die Definition der Zugehörigkeit durch Abgrenzung. Was als «deutsch» anzusehen war, wurde nach außen definiert durch die Frontstellung gegen die Polen im Osten und die Franzosen im Westen – nach innen durch die Abgrenzung von den Gegnern des neuen Nationalstaats. Dazu zählten die «internationalistischen» Sozialdemokraten, die Katholiken mit ihrer «ultramontanen» Verbindung zur Papstkirche in Rom sowie die einzige nichtchristliche Minderheit in Deutschland, die Juden.

Solche Vorstellungen schlugen sich auch in den neuen Bestimmungen über die deutsche Staatsbürgerschaft nieder. Vor allem um den Zustrom von ausländischen, insbesondere polnischen Arbeitern in die ostdeutsche Landwirtschaft reglementieren zu können, wurde festgeschrieben, dass Deutscher nur war, wer von Deutschen abstammte – nicht aber, wer in Deutschland geboren worden war. Ausschlaggebend sei dabei, so wurde im Reichstag betont, dass «die Abstammung, das Blut das Entscheidende für den Erwerb der Staatsangehörigkeit ist. Diese Bestimmung dient hervorragend dazu, den völkischen Charakter und die deutsche Eigenart zu erhalten und zu bewahren.»

Das richtete sich auch gegen die deutschen Juden, eine kleine Minderheit, die nicht mehr als ein Prozent der Bevölkerung des Deutschen Reiches umfasste. Nicht religiöse Differenz wurde hier nun ausschlaggebend, sondern der Bezug auf die postulierte biologische – «rassische» – Andersartigkeit der Juden. Das unterschied sich deutlich vom christlichen Antisemitismus, der sich seit den 1880er Jahren in mehreren antisemitischen Strömungen und Parteien niedergeschlagen hatte, die aber rasch an Bedeutung verloren. Demgegenüber drang ein gesellschaftlicher Antisemitismus nun auf breiterer Basis auch ins Bildungsbürgertum ein, wo er sich mit der Kritik an Zivilisation und Kultur der modernen industriellen Gesellschaft verband. So publizierte der Mainzer Rechtsanwalt Heinrich Claß, einer der Führer des radikalnationalistischen Alldeutschen Verbands, 1912 unter Pseudonym ein Buch mit dem Titel «Wenn ich der Kaiser wär'», in dem er die verbreiteten Angstparolen der politischen Rechten zusammenfasste. Der gewaltige wirtschaftliche Aufschwung der vergangenen Jahrzehnte, so Claß, habe zum Verlust von Heimat und Gebundenheit, zum Aufstieg der Sozialdemokratie und zur Zerstörung des Mittelstands geführt, Dekadenz und «Amerikanisierung» beherrschten die Kultur. Zugleich sei mit der Hochindustrialisierung die «hohe Zeit» der Juden gekommen, weil «deren Instinkt und Geistesrichtung auf den Erwerb» gehe. Die neue Zeit mit ihrer «Hast, Rücksichtslosigkeit und moralischen Gefühllosigkeit» sei von den Juden geprägt, die «mit ihrer Skrupellosigkeit, ihrer Habgier» das Wirtschaftsleben beherrschten.

In den Juden bündelten die Nationalisten ihre Aversionen und Befürchtungen und schrieben die als negativ empfundenen Begleiterscheinungen der Moderne in Deutschland dem Wirken dieser Gruppe zu. Vergleicht man jedoch die hier skizzierte Entwicklung mit derjenigen in anderen europäischen Ländern, so wird man zunächst das allen sich industrialisierenden Gesellschaften Gemeinsame hervorheben müssen. Die Suche nach Vertrautheit und Orientierung angesichts einer sich schnell wandelnden Umwelt gab es in Frankreich, den Niederlanden, in Österreich, Italien, Großbritannien oder Russland ebenso wie in Deutschland, wenngleich mit spezifischen Varianten. Auch die Verbindung von Modernekritik und Reformbewegungen, Arbeiterbewegung und radikalem Nationalismus, Statusangst und Antisemitismus trat in anderen Ländern hervor, zum Teil noch deutlich stärker als in Deutschland – in Russland vor allem, auch in Österreich. Wer 1913 hätte voraussagen müssen, in welchem europäischen Land zwanzig Jahre später eine radikale, mörderische Antisemitenpartei an die Macht kommen würde, der hätte wohl auf Russland gesetzt oder eher noch auf das durch die staatserschütternde Affäre um den jüdischen Offizier Dreyfus zerrissene Frankreich – nicht aber auf Deutschland, wo die Juden seit der Emanzipation in der ersten Hälfte des 19. Jahrhunderts einen intensiven Prozess der Integration vollzogen hatten. Zwar war Antisemitismus in Deutschland unübersehbar. So waren den Juden Karrieren im Militär und im Staatsdienst verwehrt. Aber das, so waren die meisten jüdischen wie nichtjüdischen Deutschen überzeugt, würde sich mit der Zeit normalisieren.

Aber unübersehbar gab es in Deutschland auch vor Beginn des Ersten Weltkriegs bereits Zeichen eines sich radikalisierenden Nationalismus. Gegen den Aufstieg der Sozialdemokraten, die 1912 bei den Reichstagswahlen als erste Arbeiterpartei weltweit zur stärksten Partei wurden, formierte sich eine Sammlungsbewegung mit dem Alldeutschen Verband an der Spitze. Sie forderte sowohl eine aggressive Innenpolitik, die sich vor allem gegen Sozialdemokratie, Linksliberale und Juden richtete, als auch eine aggressive Außen- und Kolonialpolitik, die dem Deutschen Reich den Status einer Weltmacht, einen «Platz an der Sonne» sichern sollte. Diese Verbände waren weit davon entfernt, die politische Agenda zu bestimmen, aber sie waren nicht ohne Einfluss.

Schon seit der Jahrhundertwende hatte die Reichsleitung ihre expansive Außenpolitik forciert und mit dem Aufbau einer großen Kriegsflotte begonnen. Darin manifestierte sich der Anspruch des Deutschen Reiches auf Kolonien und «Weltgeltung». Auch sollte durch die Begeisterung für Flotte und Weltpolitik die Identifikation mit Kaiser und Reich in der Arbeiterschaft gefördert und der Zulauf zu den Sozialdemokraten aufgehalten werden. Welche Auswirkungen das nach sich zog, zeigte sich, als im Verlaufe des Jahres 1904 zwei Gruppen von Ureinwohnern in Deutsch-Südwestafrika, die Herero und Nama, einen Aufstand gegen die deutschen Kolonialherren begannen. Die Reichsleitung ließ den Aufstand mit aller Brutalität niederschlagen. Die deutschen Truppen führten einen regelrechten Vernichtungskrieg mit dem Ziel der Ausrottung der aufständischen Stämme. Mehr als 60000 Herero kamen dabei um, fast 80 Prozent der Stammesbevölkerung.

Hier versuchte eine ambitionierte, aber kolonialpolitisch unerfahrene Großmacht ihre Unsicherheit bei unerwarteten Widerständen durch umso schärferes, brutaleres Vorgehen gegen die opponierenden «Eingeborenen» zu überspielen. Der sich radikalisierende deutsche Nationalismus, das damit verbundene rassistische Überlegenheitsgefühl gegenüber den «Wilden» und eine weltmachtbetrunkene bürgerliche Öffentlichkeit bildeten den Wurzelgrund solcher Aktionen. Gleichwohl, das Vorgehen der deutschen Truppen wurde von Liberalen und Sozialdemokraten im Reichstag sowie in der Presse in aller Schärfe kritisiert, was allerdings bei den Militärs und den radikalnationalistischen Kräften den Widerwillen gegen Parlament und demokratische Öffentlichkeit noch verstärkte.

Zu der neuen Rechten, die sich seit der Jahrhundertwende mit den nationalistischen Massenorganisationen herausbildete, gehörte eine Vielzahl von Vereinen und Bünden: Bauernvereine, Industrieverbände und studentische Burschenschaften ebenso wie alte und neue antisemitische Gruppen. Hier trat ein neuer, an Bedeutung zunehmender Faktor auf die politische Bühne, wobei die Übergänge zu den Konservativen und den Nationalliberalen in vielen Feldern fließend waren. Dennoch war die innenpolitische Situation in Deutschland in den Jahren vor dem Ersten Weltkrieg offen und der Trend zu Reform und Parlamentarisierung schien unaufhaltsam – vorausgesetzt, es bestand genügend Zeit, um die sozialen, kulturellen und politischen Widersprüche auszugleichen.

Mit Beginn des Ersten Weltkrieges aber wurde der Nationalismus exzessiv, in Deutschland wie in allen anderen kriegsteilnehmenden Ländern. Überall wurde die innere Einigkeit beschworen, sogar die Integration der zuvor so harsch bekämpften Sozialisten. Dabei war in den Arbeiterbezirken im Sommer 1914 von Kriegsbegeisterung wenig zu spüren, eine solche fand man in Deutschland vor allem im Bürgertum, bei den nationalistischen Verbänden, bei Studenten und Oberschülern. Kennzeichnend war aber, dass deutsche Intellektuelle den kriegstrunkenen Patriotismus in eine grundsätzliche Absage an westliche Demokratie und moderne Kultur uminterpretierten. Deutschland, hieß es hier, habe in den vergangenen Jahrzehnten unter dem schädlichen Einfluss der Französischen Revolution gestanden und durch Parteienstreit, durch die «Überschätzung der materiellen Güter» und den Abfall von Gott und Religion seine sittliche Kraft verloren. Durch den Krieg aber habe sich das deutsche Volk davon befreit und seine Einheit wiedergefunden.

Aus der nur militärischen wurde so auch eine geistige Konfrontation um die richtige Ordnung der modernen, industriellen Gesellschaften. Diese seien, so der Staatswissenschaftler Johann Plenge, viel zu kompliziert, um nach den Prinzipien des Liberalismus und des Individualismus organisiert zu werden. Solches führe zu Klassenkampf, sittlichem Verfall und dem Absterben des Staates. Im «korporativen Staatssozialismus Deutschlands» hingegen würden die Einzelinteressen durch ein gemeinsames Ideal vereint: Freiheit nicht durch Bindungslosigkeit, sondern durch Organisation. Hier liege die Zukunft nicht nur Deutschlands, sondern ganz Europas: «Wir sind das vorbildliche Volk. Unsere Ideen werden die Lebensziele der Menschheit bestimmen.»

Solche Vorstellungen, unter deutschen Professoren durchaus

verbreitet, wenn auch gewiss nicht unumstritten, reichten über Nationalismus und reaktionäre Romantik weit hinaus; hier ging es um das Konzept einer anderen Moderne, in dem Nationalismus und Sozialismus verschmolzen und die individuelle Freiheit zugunsten einer kollektiven beschränkt wurden. Die richtige Antwort auf die Herausforderungen der Moderne laute also nicht Demokratie und Liberalismus, sondern Militär und Organisation.

Aber je länger der Krieg dauerte, desto mehr wuchsen sowohl die Kriegsmüdigkeit in der Bevölkerung wie die Entschlossenheit der Militärs und der politischen Rechten, den Krieg unter allen Umständen fortzuführen. Nach immer erneuten Rückschlägen und millionenfachen Verlusten wurde 1916 eine neue, die dritte Oberste Heeresleitung (OHL) unter den als Kriegshelden geltenden Generälen Paul von Hindenburg und Erich Ludendorff etabliert. Damit verlagerte sich die Machtbalance in der deutschen Führung immer mehr von der zivilen zur militärischen Leitung, die politisch von der äußersten Rechten gestützt wurde. Hindenburg und Ludendorff etablierten in der Folgezeit so etwas wie eine unerklärte Militärdiktatur, der allerdings die gleichfalls an Einfluss gewinnende Reichstagsmehrheit – katholisches Zentrum, Liberale und Sozialdemokraten – entgegenstand. Dagegen rief die Rechte mit der Deutschen Vaterlandspartei erstmals eine nationalistische Massenpartei ins Leben, mit fast 2000 Ortsvereinen und nahezu einer Million Mitgliedern. Sie diente als politischer Hebel der OHL, welche die Massenorganisation als Propaganda- und Mobilisierungsinstrument in der Heimat wie innerhalb der Truppe nutzte.

In dem Maße, in dem sich die militärischen Rückschläge häuften, nahm nun auch die antijüdische Kampagne wieder an Bedeutung zu. Ansatzpunkt war dabei zunächst das Gerücht, die Juden hätten sich vor dem Frontdienst gedrückt. Daraufhin ordnete die Regierung im Oktober 1916 die sogenannte «Judenzählung» an, um diese Berichte zu überprüfen. Das Ergebnis widerlegte solche Gerüchte, blieb deswegen aber auch unveröffentlicht. Denn unabhängig vom Ergebnis bot die «Judenzählung» den Auftakt zu einer verschärften antisemitischen

Agitation und markierte den Versuch, den Prozess der Gleichberechtigung und Integration der deutschen Juden rückgängig zu machen.

Welche außenpolitischen Vorstellungen Militärführung und nationalistische Rechte umtrieben, offenbarte sich dann im Jahre 1917, als sie nach dem Ausscheiden Russlands aus dem Krieg bei den Friedensverhandlungen mit den Bolschewiki einen weit ins Russische Reich vorgeschobenen deutschen Einflussraum forderten. Um die zögernden Bolschewiki unter Druck zu setzen, stießen die deutschen Truppen mehr als 1000 Kilometer weit nach Osten vor, bis zum Donezbecken und der Krim. In diesen Gebieten herrschte für fast ein Jahr allein das deutsche Militär. Eine politische und nationale Neuordnung der Gebiete unter deutscher Oberhoheit war, so schien es, leicht zu etablieren, und die riesigen Regionen zwischen der deutschen Ostgrenze und den «moskowitischen» Gebieten boten sich als Basis eines neuen deutschen Kolonialreichs, diesmal aber auf dem Kontinent, förmlich an. Diese Erfahrungen wirkten lange nach.

Im letzten Kriegsjahr spitzte sich die innenpolitische Konfrontation weiter zu. Gegen das Bestreben der Heeresleitung, nach dem Kriegsende im Osten den Krieg im Westen doch noch zu gewinnen und Friedensverhandlungen abzulehnen, protestierten die Arbeiter in den Rüstungsfabriken mit Massenstreiks. Als dann im Spätsommer 1918 die Niederlage der Mittelmächte unausweichlich war, erklärten die Militärs, der Zusammenbruch sei auf die Streiks und die Friedensagitation der Mehrheitsparteien zurückzuführen. «Wie Siegfried unter dem hinterlistigen Speerwurf des grimmigen Hagen, so stürzte unsere ermattete Front», formulierte Hindenburg nach Kriegsende; «vergebens hatte sie versucht, aus dem versiegenden Quell der heimatlichen Kraft neues Leben zu trinken.» Das war die Geburt der «Dolchstoßlegende», eine der Grundlagen der antirepublikanischen, nationalistischen Agitation der Nachkriegsjahre.

Nationalismus und Antisemitismus, die Kritik an Massengesellschaft und kultureller Moderne waren in Deutschland bereits vor 1914 verbreitet gewesen, vermutlich aber nicht in stärkerem Maße als in anderen, vergleichbaren Ländern. Der Krieg verschärfte indes diese Tendenzen. Gegen die Prinzipien von Aufklärung und Französischer Revolution wurden die auf einen nationalistischen Militärsozialismus gerichteten Bestrebungen als spezifisch deutsche Konzepte zur Ordnung der modernen Welt propagiert. Zugleich verschärfte sich die Konfrontation zwischen zwei Lagern: der nationalistischen Rechten und der Militärführung einerseits, den demokratisch orientierten Parteien der Reichstagsmehrheit andererseits. Die politische Konstellation der Nachkriegszeit war hier bereits vorgezeichnet.

Nachkriegsjahre

Nichts aber hat die nationalistischen Wallungen in Deutschland so verstärkt wie die Niederlage. Das markiert den Unterschied zu den Staaten der siegreichen Entente: Die Niederlage in diesem größten aller bis dahin erlebten Kriege beförderte Nationalismus und Revanchedenken in Deutschland in radikaler Weise – aber nicht nur dort: In allen Staaten, die zu den Verlierern des Ersten Weltkriegs gehörten, etablierten sich in den Folgejahren antidemokratische Regime: in Österreich, in Ungarn, in Bulgarien, auch in Russland oder der Türkei. Italien, das ja zu den Siegermächten gehörte, empfand sich aufgrund der erhofften, aber ausgebliebenen Gebietserweiterungen als Verlierer und erlebte die Machtergreifung des Faschismus. In Großbritannien, Frankreich und den Benelux-Staaten hingegen, auch in den USA, bestätigte und legitimierte der militärische Sieg die demokratisch-parlamentarischen Regierungen.

Mit dem Sieg der revolutionären Kräfte im November 1918 und der Gründung der Republik schien in Deutschland aber ein Neuanfang möglich, zumal nachdem die demokratischen Parteien – Sozialdemokraten, Zentrum und Linksliberale – bei den Wahlen zur Nationalversammlung Anfang 1919 fast drei Viertel der Stimmen erhielten. Diese Dominanz der prorepublikanischen Kräfte geriet jedoch schon bald ins Wanken. Denn zum einen waren die folgenden Jahre durch immer wieder neue Anläufe zur gewaltsamen Machtübernahme sowohl der radikalen Linken wie der radikalen Rechten gekennzeichnet, die sich vom Frühjahr 1919 in mehreren Schüben bis ins Jahr 1923 hinzogen und mehr und mehr die Züge eines Bürgerkrieges annahmen. Gegen den Staatsstreich der Rechten von 1920, den sogenannten «Kapp-Putsch», erhoben sich die Gewerkschaften und zwangen die Frondeure zum Rückzug. Gegen die Aufstandsversuche von links versicherte sich die Regierung notgedrungen der Unterstützung der Reichswehr, die mit Freiwilligenverbänden, sogenannten Freikorps, die Aufstände mit enormer Brutalität niederschlug. Das führte zur Verbitterung der revolutionären Arbeiterschaft, die sich fortan verstärkt der USPD, einer linken Abspaltung von der SPD, sowie den im Januar 1919 gegründeten Kommunisten zuwandte. Zugleich bildeten die Freikorps den Nukleus des militanten Rechtsradikalismus, der sich später in SA und SS versammelte.

Mehr noch als die Aufstände und Putschversuche waren es aber die harten Friedensbedingungen der Sieger, welche die Stabilität der gerade gegründeten Republik unterminierten. Der Friedensvertrag von Versailles bürdete den Deutschen nicht nur gewaltige, historisch beispiellose Reparationslasten auf, zudem den Verlust von Grenzregionen und von allen Kolonien in Übersee, sondern hielt in Artikel 231 auch fest, dass die Schuld an der Verursachung des Krieges allein bei den Deutschen liege. Empörung und Fassungslosigkeit waren die Folge, auch bei den demokratischen Kräften. «Dieser Vertrag», so der badische Zentrumspolitiker Konstantin Fehrenbach im Mai 1919, «ist eine Verewigung des Krieges. Aber auch in Zukunft werden deutsche Frauen Kinder gebären und diese Kinder werden die Sklavenketten zerbrechen und die Schmach abwaschen, die unserem deutschen Antlitz zugefügt werden soll.» Politiker, die sich unter dem Druck der Alliierten bereit fanden, die im Versailler Vertrag gestellten Forderungen zu erfüllen, wurden in den Folgejahren zur bevorzugten Zielscheibe der Agitation der radikalen Rechten, deren Angriffe auf die führenden Politiker immer gewalttätiger wurden und schließlich in eine Welle politischer Morde mündeten.

Dass der Antisemitismus im Zuge von Niederlage und Revolution seit dem Winter 1918/19 einen starken Aufschwung erlebte, war insofern nicht verwunderlich. Bei der angestrengten Suche nach Verursachern und Schuldigen am Unglück des Vaterlandes identifizierten die Radikalnationalisten sowohl die westlich-liberale Zivilisation als auch den Bolschewismus in Russland als entscheidende Kräfte. Und waren nicht sowohl Kapitalismus als auch Kommunismus Kräfte des Universalismus und des Internationalismus, mithin Gegenpole des national ausgerichteten Denkens der Deutschen? Waren nicht führende Bankiers in den USA wie in England, in Frankreich und in Deutschland selbst Juden, ebenso wie führende Vertreter der Kommunisten – von Leo Trotzki bis Rosa Luxemburg? Der Antisemitismus wurde so zum Passepartout, zur Erklärung nahezu aller Widersprüche des modernen Lebens, zumal in dem von Niederlage, Putschen und Aufstandsversuchen gebeutelten Deutschland.

Zudem wurde die Republik durch die immer heftiger werdende Inflation gebeutelt. Während des Krieges hatte die Reichsleitung die deutsche Währung systematisch zerrüttet, indem sie den Krieg nicht mit Steuern, sondern über Schulden finanzierte. Am Ende des Krieges waren diese auf gigantische 144 Milliarden angewachsen, sodass der Wert der Reichsmark in den Nachkriegsjahren rapide sank. Schließlich kosteten selbst Gegenstände des täglichen Bedarfs tausende, dann Millionen Reichsmark – mit der Folge, dass wer keine Sachwerte, sondern Geldvermögen besaß, nahezu vollständig enteignet wurde. Das traf vor allem das Bürgertum, während Besitzer von Sachwerten und Spekulanten schnell reich werden konnten. So wurde das Grundvertrauen in die Ordnung des Staates und der Wirtschaft bei vielen erschüttert, Kategorien wie Rechtschaffenheit oder Bescheidenheit schienen nichts mehr wert zu sein, wenn Raffgier und Skrupellosigkeit obsiegten.

All diese verhängnisvollen Entwicklungen – Aufstände, Attentate, politische Gewalt, Reparationsforderungen und Inflation – spitzten sich im Jahre 1923 schließlich in einer politischen Fundamentalkrise zu, die bereits das frühe Ende der Republik herbeizuführen schien. Als französische Truppen ins Ruhrgebiet einmarschierten, um Reparationsleistungen der Deutschen zu erzwingen, die deutsche Regierung hinhaltenden Widerstand dagegen organisierte und die Inflation ins Aberwitzige stieg, bereitete die Rechte einen erneuten Staatsstreich vor, diesmal ausgehend von Bayern. Grundlage war dabei eine Übereinkunft von deutschnationalen Verbänden, Teilen der Reichswehr und den völkisch-nationalistischen Bünden und Kleinparteien, die es in München in überreichlicher Zahl gab und die sich wechselseitig an Radikalitätsbereitschaft zu übertrumpfen versuchten. Unter ihnen ragte eine als besonders lautstark hervor, die außerdem über einen als Redner wie als Organisator begabten und «fanatisch» auftretenden Anführer verfügte: die in Bayern bereits starke, im übrigen Deutschland hingegen bis dahin kaum bekannte Nationalsozialistische Deutsche Arbeiterpartei mit ihrem Parteivorsitzenden, dem jungen Österreicher Adolf Hitler.

Hitler, 1889 geboren, war in Linz aufgewachsen, hatte die Realschule ohne Abschluss verlassen und sich mehrfach erfolglos für ein Kunststudium an der Wiener Kunstakademie beworben. In den Jahren vor 1914 lebte er unstet und ohne feste Arbeit, gab sich als Maler oder Schriftsteller aus und wohnte schließlich in Obdachlosenasylen und Männerwohnheimen. Die in Wien zu dieser Zeit überall anzutreffenden Ideen der Deutschnationalen und Antisemiten beeinflussten ihn vermutlich, aber mehr als an Politik war er an Wagner-Opern interessiert. Auch als Soldat trat er während des Krieges politisch nicht in Erscheinung. Nach Waffenstillstand und Revolution wurde er in eine «Aufklärungsabteilung» der Reichswehr in München beordert, wo er an «antibolschewistischen Aufklärungskursen» teilnahm und anschließend als Propagandaredner der Reichswehr auftrat. Hier wurde sein rhetorisches und politisches Talent entdeckt. Im Herbst 1919 schloss sich Hitler einer der zahlreichen rechtsradikalen Gruppen an, die in München aus dem Boden sprossen, der Deutschen Arbeiterpartei (DAP), in welcher er rasch aufstieg und zu einem der Stars in der rechten Szene Münchens wurde. Er benannte die Partei in «Nationalsozialistische Deutsche Arbeiterpartei» (NSDAP) um und machte den radikalen Antisemitismus zum Zentrum ihrer Propaganda, wobei sich die Partei programmatisch von den anderen rechtsradikalen Splittergruppen wie dem «Deutschvölkischen Schutz- und Trutzbund» oder der «Deutschsozialistischen Partei» kaum unterschied.

München hatte sich nach dem Krieg zum Zentrum der Gegenrevolution herausgebildet, vor allem nach der «Münchner Räterepublik», einem ebenso blutigen wie dilettantischen Aufstand der äußersten Linken, dessen brutale Niederschlagung durch Freikorps von der bürgerlichen Bevölkerung bejubelt worden war. Seit dem Sommer 1923 wurde hier nun ein erneuter Putschversuch der Rechten gegen die Berliner Reichsregierung vorbereitet, der auf die Unterstützung durch die Reichswehr baute. Da das Verhalten der Reichswehrführung noch nicht endgültig geklärt schien, wurde der Beginn des Aufstands mehrfach verschoben. Daraufhin preschte Hitler vor. Er sprengte am 8. November zusammen mit ein paar Getreuen eine Versammlung der rechten Verbände im Münchner Bürgerbräukeller und erklärte sich umstandslos zum Chef der provisorischen Reichsregierung. Aber schon am folgenden Tag endete der laienhafte Putschversuch der Nationalsozialisten an der Münchner Feldherrnhalle im Kugelhagel der Landespolizei – ein Desaster, das die Rechte auf Jahre hinaus schwächte und ihre Hoffnungen, nach dem Vorbild des kurz zuvor in Italien erfolgreichen Mussolinis mit einem Putsch und dem Marsch auf Berlin schnell an die Macht zu kommen, zunichte machte.

Die Rechte in Weimar

Dies galt umso mehr, als es der Regierung unter dem neuen Kanzler Stresemann gelang, die Inflation mit einer Währungsreform zu beenden. Die Republik begann sich zur Verblüffung vieler Beobachter doch zu stabilisieren und erlebte in den Jahren zwischen 1924 und 1929 ihre Blütezeit. Wirtschaftlicher Aufschwung, eine Reform des Rechtswesens, die bedeutende Ausdehnung der sozialpolitischen Maßnahmen, eine auf Ausgleich bedachte Außenpolitik sowie ein blühendes Kulturleben prägten diese Phase. Entsprechend wurden die demokratischen Mittelparteien bei den Reichstagswahlen von jeweils etwa 56 Prozent der Wähler gewählt, während der Anteil der Rechten (Deutschnationale Volkspartei und rechtsradikale Gruppen) von 24 auf 17 Prozent zurückging.

In wichtigen gesellschaftlichen Bereichen allerdings behielten oder gewannen die antirepublikanischen Kräfte von rechts die Oberhand. Das galt etwa für die Universitäten, wo ein Großteil der Professoren der Republik und der Kultur der Moderne kritisch bis ablehnend gegenüberstand. Noch stärker war diese Ausrichtung unter den Studenten, die sich zum weit überwiegenden Teil schon in den ersten Nachkriegsjahren in radikale Frontstellung gegen die Republik begeben und jüdische Studenten aus den Reihen ihrer Verbände ausgesperrt hatten. Hier und bei den Intellektuellen der sogenannten «Konservativen Revolution» wurde weiter in der Gegenüberstellung von deutscher Gemeinschaft und westlicher Gesellschaft gedacht, von Kultur und Zivilisation, von deutscher Tiefe und westlicher Flachheit: Durch die Übernahme ausländischer Einflüsse (vor 1914 aus freien Stücken, nach 1918 als Ergebnis der Niederlage im Krieg) seien die den Deutschen fremden Prinzipien von Liberalismus, Kapitalismus und Individualismus etabliert worden, welche die traditionellen Wertbegriffe der Deutschen – Bindung, Ordnung,

Ehre, Treue, Pflicht – zerstört hätten. Die Massenkultur der Großstadt sei zugespitzter Ausdruck dieses Werteverlustes, der im Kern die Entfremdung eines Volkes von seinen kulturellen Wurzeln beinhalte.

Auch in den Jugendverbänden setzte sich die modernekritische, antidemokratische Orientierung der Vorkriegsjahre fort, organisiert in zahlreichen großen und kleinen Gruppen und «Bünden», geeint in der Orientierung an Volk, Nation und Deutschtum und gekennzeichnet durch Frontkämpfermythos und Führerprinzip. Die Ablehnung von Parlamentarismus und Demokratie war auch bei den Kriegervereinen und dem Verband der Frontkämpfer («Stahlhelm») notorisch, die viele hunderttausend Mitglieder zählten, ebenso in den meisten Bauernverbänden. Von besonderer Bedeutung waren die zunehmend republikkritischen Stimmen im Lager der Unternehmer, vor allem der Ruhrindustrie, die sich heftig gegen die Ausdehnung der sozialpolitischen Leistungen der Regierung und gegen die staatliche Einmischung in die Tarifkonflikte wehrten. Sie suchten daher nach Wegen einer «Reichsreform», durch die der Einfluss von Sozialdemokratie und Gewerkschaften eingedämmt oder ausgeschaltet werden konnte.

Aber auch Teile der Industriearbeiterschaft blieben gegenüber der Republik weiterhin auf Distanz. Bei den meisten standen soziale Lage und soziale Absicherung im Vordergrund, unabhängig von der Form von Staat und Regierung. Eindeutige politische Loyalität gegenüber Demokratie und Republik war nur von der sozialdemokratischen Arbeiterschaft und Teilen der katholischen Arbeiterbewegung zu erwarten. Beim überwiegenden Teil des Bürgertums war die Haltung gegenüber dem Staat von Weimar nach wie vor skeptisch. Spätestens die Erfahrung der Inflation hatte den Liberalismus in Wirtschaft und Staat unter Verdacht gestellt; und die Furcht vor Bolschewismus und Revolution bestärkte die ablehnende Haltung gegenüber einer Republik, in der die Sozialdemokraten die stärkste Kraft waren.

In dieser Situation wirkte die Weltwirtschaftskrise 1929 wie eine Explosion. Die Krise traf alle großen Industriestaaten, aber besonders die Vereinigten Staaten und das mit ihnen wirtschaftlich durch umfängliche Kreditverträge eng verbundene Deutschland. Das Bruttosozialprodukt sank in Deutschland von 1929 bis 1932 um mehr als ein Drittel, die Industrieproduktion um 54 Prozent. 1931 waren mehr als fünf, Anfang 1933 schließlich sechs Millionen Menschen arbeitslos, und drei Millionen mussten kurzarbeiten – gegenüber 13 Millionen Erwerbstätigen (bei 62 Millionen Einwohnern). Die fünf Jahre des Aufschwungs seit 1924 erschienen nun rückblickend lediglich wie eine kurze Unterbrechung zwischen Inflation und Weltwirtschaftskrise, und die daraus gezogene Schlussfolgerung hieß bei immer mehr Menschen: Ablehnung der Weimarer Republik, die sich in ihren Augen als ungeeignet erwiesen hatte, mit den zuvor erweckten Kräften der modernen industriellen Gesellschaft angemessen umzugehen. Die Wahrnehmung der Weltwirtschaftskrise als Scheitern des liberalkapitalistischen Ordnungsmodells wurde so zu einer Generationserfahrung, deren Auswirkungen sich über Jahrzehnte hinweg feststellen lassen.

Auch dies war keine auf Deutschland begrenzte Entwicklung. Kapitalismus, Weltmarkt und parlamentarische Demokratie wurden nach der Weltwirtschaftskrise in fast allen europäischen Staaten infrage gestellt. In den meisten ostmittel- und südeuropäischen Staaten bildeten sich verschiedene Varianten rechtsautoritärer Systeme heraus. Ihnen gemeinsam war die Absage an Rechtsstaat, Parlamentarismus und Demokratie sowie die Abkehr von liberalem Wirtschaftssystem und freier Welthandelspolitik. Auch die Sowjetunion war eine gegen Rechtsstaat, Demokratie und Markt gerichtete Diktatur. Hier, und nicht im liberalen Staat, so schien es, lagen die zukunftsträchtigen Modelle der gesellschaftlichen Ordnung.

Die nationalistische Rechte in Deutschland war kein festgefügter politischer Block, sondern eher ein Milieu. Das «nationale Lager», wie es sich selbst nannte, war mehr durch Stimmungen und Personen gekennzeichnet als durch Programme und Parteien – ein Dauerzustand aus Kundgebungen und Geheimtreffen, Verbandsneugründungen und -auflösungen. Eine ausgearbeitete politische Programmatik, wie sie auf der Linken eine so große

Rolle spielte, besaß die Rechte nicht. Aber es gab doch eine Reihe von festen Überzeugungen und Zielvorstellungen, die von allen oder fast allen Gruppen geteilt wurden. Die zentrale Bezugsfigur im Denken der radikalen Rechten war das «Volk», verstanden als historische, kulturelle und rassische, also biologische Einheit. Es sei jedoch in seiner «völkischen Substanz» durch zwei Entwicklungen gefährdet: von innen durch den modernen Zivilisationsprozess, von außen durch die Vermischung des deutschen Volkes mit anderen Völkern und Rassen. Sowohl die innere wie die äußere Gefährdung seien bereits weit vorangeschritten. Die Folgen könne man im inneren Zerfall und der äußeren Ohnmacht Deutschlands seit 1918 beobachten. Dabei stellte das Judentum die größte Gefährdung dar, weil es bereits tief in das deutsche Volk eingedrungen sei. Die Juden wurden so zum Mittelpunkt aller Obsessionen der deutschen Rechten. In ihnen sah man die Schuldigen nicht nur an Kriegsniederlage, Revolution und Wirtschaftskrise, sondern auch an den raschen und beängstigenden Wandlungsprozessen in der Gesellschaft, der Wirtschaft und der Kultur.

Im außenpolitischen Bereich richteten sich die Vorstellungen der Rechten auf die – kriegerische – Revision des Versailler Vertrages und die Reetablierung Deutschlands als Groß-, besser als Weltmacht; zudem auf die Ausdehnung des von Deutschland beherrschten Territoriums nach Osten, vor allem nach Polen. Hier sollte der Siedlungsraum für die wachsende deutsche Bevölkerung gewonnen werden, um dadurch das bäuerliche Element im deutschen Volke zu stärken und die verhängnisvollen sozialen Auswirkungen großstädtisch-industrieller Agglomerationen abzumildern. In diesem Punkt wichen die Vorstellungen Hitlers allerdings vom nationalistischen Mainstream ab, dem er sonst weitgehend folgte. Für ihn war die Einverleibung Polens nur ein Zwischenschritt. Bei der Suche nach «neuem Lebensraum für das deutsche Volk», erklärte er, «können wir in erster Linie nur an Rußland und die ihm untertanen Randstaaten denken.» Deutschlands Ausweitung nach Osten müsse bis weit in die westlichen Teile der Sowjetunion hinein erfolgen. Das bezog sich auf die Erfahrungen der deutschen Truppen bei ihrem Vorstoß nach Russland im Jahre 1918: ein riesiger Raum mit einer nach Revolution und Bürgerkrieg geschwächten Regierung. Hier sollte das neue deutsche Kolonialreich entstehen.

Politisch-organisatorisch wurde das «nationale Lager» bis 1930 durch drei Richtungen vertreten: durch die Deutschnationale Volkspartei, die nationalistischen Verbände und die völkisch-radikalen Kleinparteien. Dass sich unter diesen letztlich die NSDAP durchsetzte, war vor allem darauf zurückzuführen, dass sie als einzige über eine herausragende Führungspersönlichkeit verfügte, welche die Partei einte und die Massen begeistern konnte. Ohne Zweifel war Hitler die politisch, organisatorisch und rhetorisch begabteste und zugleich skrupelloseste Figur der Rechten der Nachkriegsjahre. Während seiner kurzen Haftzeit nach dem Putsch von 1923 hatte er sein Buch «Mein Kampf» verfasst, halb Autobiographie, halb politische Programmschrift, wobei man die hier entfalteten Thesen über Rasse und Lebensraum so und ähnlich in zahlreichen Pamphleten und Programmschriften der Zeit lesen konnte. Aber da kein anderer radikalnationalistischer Autor zugleich auch der Anführer einer völkischen Gruppierung und ein mitreißender Volksredner war, erlangten seine Ideen und Konzepte viel größere Aufmerksamkeit.

Nach dem Desaster des Novemberputsches und seiner Haftzeit richtete Hitler die Partei auf eine neue Strategie aus: Nicht mehr die gewaltsame Machtübernahme, sondern die Gewinnung eines Massenanhangs und der Sieg bei Reichstagswahlen sollten den Erfolg bringen. Dazu begann er mit dem Aufbau eines «modernen», bürokratisch organisierten Parteiapparats und der paramilitärischen SA. Radikalität und Schroffheit des Auftretens, zur Schau gestellte fanatische Entschlossenheit, kompromisslose Ablehnung von Demokratie, Sozialismus, Liberalismus und Judentum: Das waren die Kennzeichen der NSDAP und ihres «Führers», dessen heute nachgerade lächerlich anmutender politischer Stil der Stimmungslage von Teilen der Bevölkerung offenbar entsprach. Der «Führer» schuf Einfachheit und Klarheit in einer undurchschaubaren Lage und vermittelte den Anhängern ein unbedingtes Zutrauen in die eigene Sache, losgelöst vom Interessenkampf der Parteien. Diese

Sehnsucht nach Aufhebung der gesellschaftlichen Widersprüche durch die Schaffung einer als unantastbar und unfehlbar geltenden personalen Instanz verkörperte Hitler wie kein anderer Politiker seiner Zeit.

Aber weder organisatorischer Neuaufbau noch Hitlerkult oder SA-Aufmärsche bewirkten den Aufstieg der NSDAP zur Massenpartei, sondern die Auswirkungen der Weltwirtschaftskrise, die seit dem Frühjahr 1930 immer mehr in den Mittelpunkt aller politischen Debatten und Konzepte rückte. Bei den Reichstagswahlen am 14. September 1930 wurde die NSDAP, die 1928 bei ganzen 2,6 Prozent gelegen hatte, mit 18,3 Prozent zur zweitstärksten Partei nach der SPD. Der Wahlsieg drückte das Ausmaß der Krise und der Enttäuschung der Bevölkerung aus. Denn mit der Wahl der spektakulär, entschlossen und unbürgerlich auftretenden Partei konnte man sowohl seiner Verzweiflung Ausdruck geben als auch der Entschlossenheit, sich, wenn keine rasche Hilfe kam, von den etablierten Kräften der Republik ganz abzuwenden. Nun, da sich die Hitlerpartei als stärkste Kraft der radikalen Rechten herausstellte, begann sie in relativ kurzer Zeit die verschiedenen Bünde und Parteien der Völkischen und auch bereits Teile der Deutschnationalen aufzusaugen, und auch wachsende Teile der liberalen Wählerschaft wandten sich den Nationalsozialisten zu.

Vor allem aber rückte die NSDAP nun auch bei jenen nationalkonservativen Kräften um Reichspräsident von Hindenburg und die Reichswehrführung in den Mittelpunkt der Aufmerksamkeit, deren Wirken die deutsche Politik in den letzten zweieinhalb Jahren der Republik maßgeblich beeinflusste. Gesellschaftlich und zum Teil sogar personell handelte es sich dabei ziemlich genau um jene Kräfte, die während des Ersten Weltkriegs die dritte Oberste Heeresleitung gestützt hatten und als Gegenspieler der prorepublikanischen Parteien aufgetreten waren. Ihr Ziel bestand nun vor allem darin, die Krise zu nutzen und ein parlamentarisch nicht gebundenes Regierungssystem zu etablieren, in dem der Einfluss von Linksliberalen, Sozialdemokraten und Gewerkschaften zurückgedämmt oder ganz ausgeschaltet wurde.

Mit der Hitlerpartei war nun aber ein neuer Faktor ins Spiel gekommen. Bei erneuten Reichstagswahlen im Juli 1932 erreichte die NSDAP 37,4 Prozent der Stimmen. Auch die Kommunisten gehörten mit 14,5 Prozent zu den Wahlgewinnern. Beide Flügelparteien zusammen hatten mit fast 52 Prozent der Stimmen die absolute Mehrheit im Reichstag erreicht – eine klare Absage der Bevölkerungsmehrheit an Demokratie und Republik. Für die Strippenzieher um Hindenburg war dies aber insofern problematisch, als nun eine Elitenherrschaft ohne parlamentarische Grundlage gegen die Nationalsozialisten nicht mehr durchsetzbar war – es sei denn mithilfe eines Militärputsches der Reichswehr. Ein solcher aber hätte womöglich zum Bürgerkrieg gegen links und rechts geführt, dennoch verschwand dieses Konzept bis zum Januar 1933 nie völlig aus der Diskussion. Nachdem Minderheitskabinette unter dem rechten Zentrumspolitiker Franz von Papen und dem Reichswehrgeneral Kurt von Schleicher gescheitert waren, stand die Option einer Regierung mit dem Kanzler Hitler in einem von der DNVP und den nationalistischen Verbänden dominierten Kabinett zur Entscheidung an. Auf diese Weise hoffte man, den Massenanhang der Nationalsozialisten einbinden, die Regierung aber dennoch kontrollieren zu können und erneute Neuwahlen zu vermeiden. Denn da es deutliche Hinweise auf ein baldiges Abflauen der Wirtschaftskrise gab, mussten die «Reichsreformer» bei Neuwahlen ein Wiedererstarken der Republik und vor allem der Sozialdemokratie befürchten. Angesichts solcher Alternativen erschien ihnen die Entscheidung für Hitler schließlich das kleinere Übel.

ZWEITER TEIL

«Machtergreifung»

Ausschlaggebend für die Machteroberung der Nationalsozialisten waren also vor allem zwei Faktoren: zum einen das stete Hinarbeiten der nationalkonservativen Führungsgruppen auf eine autoritäre, nicht parlamentarisch gebundene Elitendiktatur; zum anderen die Tatsache, dass nach dem abermaligen Zusammenbruch der deutschen Wirtschaft ein wachsender Teil der deutschen Gesellschaft das Vertrauen in das politische System von Weimar verloren hatte und entschlossen war, radikalere und zukunftsträchtigere Alternativen auszuprobieren. So wurde am 30. Januar 1933 die neue Regierung vereidigt, der allerdings nur drei Nationalsozialisten angehörten.

Hitlers Regierungserklärung unterschied sich in der Sache nicht wesentlich von denen seiner Vorgänger: Überwindung von Massenarbeitslosigkeit und Agrarkrise; Reform des Verhältnisses von Reich, Ländern und Kommunen; Fortsetzung der Sozialpolitik und Wiederherstellung der außenpolitischen Gleichberechtigung Deutschlands – das waren die wesentlichen Programmpunkte. Aber mit Hitler war eben kein Vertreter der alten Honoratiorenparteien und auch kein vom Reichspräsidenten abhängiger General an die Macht gekommen, sondern der Führer einer modernen, «faschistischen», Massenbewegung, deren Dynamik für beständige Beschleunigung und Entgrenzung der politischen Umwälzung sorgte. Und obwohl es sich bei der neuen Regierung eigentlich um eine Koalitionsregierung handelte, mit Ministern aus DNVP, Zentrum, «Stahlhelm» und NSDAP sowie mehreren Parteilosen, feierte die NS-Bewegung die Kanzlerschaft Hitlers wie eine Revolution. Hier war bereits zu spüren, dass die Vorstellung, man könne Hitler in dieser Regierung «zähmen» oder «einrahmen», sich schon bald als Illusion erweisen würde. Tatsächlich dauerte es nur wenige

Monate, bis sich aus der Präsidialregierung Hitler die nationalsozialistische Diktatur entwickelt hatte.

Ausgangspunkt waren die für den 5. März 1933 einberaumten Neuwahlen, die schon vom Terror der NS-Milizen überschattet waren. Die vom neuen Innenminister Preußens Hermann Göring zu Hilfspolizisten ernannten SA- und SS-Männer begannen in diesen Wochen gegen die Gegner der Nationalsozialisten gewalttätig vorzugehen, vor allem gegen die Kommunisten, die nun überall drangsaliert und verfolgt wurden. Dabei kam den Nationalsozialisten der Zufall zu Hilfe: Eine Woche vor den Wahlen wurde der Reichstag in Brand gesetzt, und niemand glaubte, dass der bereits wenige Stunden später als Brandstifter festgenommene holländische Maurergeselle Marinus van der Lubbe tatsächlich ein Einzeltäter war; zu gelegen kam den Nazis diese Tat.

Die Regierung setzte daraufhin mit der «Reichstagsbrandverordnung» alle wichtigen Grundrechte außer Kraft. In der Folge wurden bis Ende März etwa 20 000 Kommunisten verhaftet, in Gefängnisse oder in die überall errichteten «wilden» Lager gebracht, in denen die SA ihre politischen Gegner gefangen hielt und misshandelte.

Bei den unter diesen Umständen abgehaltenen Reichstagswahlen erreichten die Nationalsozialisten dann knapp 44 Prozent der Stimmen, während ihr Koalitionspartner DNVP (8 Prozent) leicht verlor. Trotz der Verfolgungswelle erhielt die KPD noch 12,3 Prozent, während sich katholisches und sozialistisches Milieu bei leichten Verlusten als stabil erwiesen. Ohne Zweifel hatte die NSDAP einen großen Wahlsieg errungen, nahezu das gesamte bürgerliche Lager aufgerollt und zudem viele Stimmen von links erhalten. Darüber hinaus hatten fast zwei Drittel der Wähler für die drei eindeutig verfassungsfeindlichen Parteien (NSDAP, DNVP, KPD) gestimmt: Die überwältigende Mehrheit der Deutschen wollte das Ende dieser Republik. Eine knappe Mehrheit wollte eine rechte Koalitionsregierung mit NSDAP und DNVP. Aber unübersehbar hatten 56,1 Prozent der Wähler *nicht* für die NSDAP gestimmt. Eine Option für eine Alleinherrschaft der Hitlerpartei ergab sich aus den Wahlen also nicht.

Es gelang der Regierung Hitler innerhalb weniger Wochen, die verfassungsmäßige Ordnung der Weimarer Republik vollständig außer Kraft zu setzen. Sie setzte in den Ländern alle nicht nationalsozialistischen Regierungen ab, ein Gleiches geschah in den Städten. Dass dies so schnell und fast reibungslos vor sich ging, lag zum einen daran, dass die Gegner durch Gewalt, aber auch durch die Dynamik der Nationalsozialisten eingeschüchtert und gelähmt waren; zum anderen daran, dass der Schein der Legalität gewahrt und so die Loyalität der Beamtenschaft sichergestellt wurde. Auch gingen viele NS-Gegner davon aus, dass Hitler bald abgewirtschaftet haben würde und ein organisierter Widerstand gegen die Maßnahmen der Hitler-Regierung sich eher kontraproduktiv auswirken könnte – man müsse im Grunde nur abwarten. Und schließlich war der Kampf gegen die Kommunisten in weiten Teilen der Bevölkerung durchaus populär und wurde auch von jenen befürwortet, die keine Alleinherrschaft der Nationalsozialisten wünschten.

So stimmten im Reichstag außer den Sozialdemokraten alle Parteien, auch das Zentrum und die Liberalen, dem «Ermächtigungsgesetz» zu. Die Stimmen der abwesenden und überwiegend bereits verhafteten kommunistischen Abgeordneten wurden als «Enthaltungen» gewertet, um so die verfassungsändernde Zweidrittelmehrheit zu erreichen. Damit besiegelte der Reichstag seine eigene Entmachtung. Die Reichsregierung konnte fortan nach eigenem Gutdünken Gesetze erlassen und Verträge mit ausländischen Mächten abschließen. «Die Kapitulation des parlamentarischen Systems vor dem neuen Deutschland!», schrieb der *Völkische Beobachter,* die Parteizeitung der Nationalsozialisten, triumphierend. «Für vier Jahre kann Hitler alles tun, was notwendig ist für die Rettung Deutschlands. Negativ in der Ausrottung der volkszerstörenden marxistischen Gewalten, positiv im Aufbau einer neuen Volksgemeinschaft.»

«Volksgemeinschaft» war die zugkräftigste Kategorie der nationalen Revolution. Der Terminus war alt, er hatte schon seit den 1880er Jahren den Wunsch nach der «Einheit des Volkes» gegen die Klassenkämpfe der Industriegesellschaft und die Gegensätze zwischen den Konfessionen ausgedrückt. Überall in Europa, wo soziale Konflikte oder Kämpfe zwischen ethnischen Gruppen aufbrachen, wurde die Forderung nach Überwindung der inneren Spaltung, nach Schaffung der nationalen Einheit laut. In Deutschland waren diese Konfliktlinien seit dem verlorenen Krieg besonders ausgeprägt, und die Schaffung der «Volksgemeinschaft» wurde zu der gegen Pluralismus, Arbeiterbewegung und Parteiendemokratie gerichteten Zentralparole des nationalen Lagers. Nach dem Machtantritt der Nationalsozialisten schließlich wurde die «Volksgemeinschaft» zur Legitimationsvokabel der Abschaffung oder Ausschaltung all dessen, was der nationalen Diktatur entgegenstand.

Bis zum Sommer 1933 wurden alle Parteien außer der NSDAP aufgelöst oder zur Selbstauflösung gedrängt. Die Gewerkschaften wurden zerschlagen, die großen und kleinen Interessenverbände verboten oder nationalsozialistisch dominiert, alle wichtigen Institutionen im Sinne der Ziele und Methoden der nationalen Revolution «gleichgeschaltet», wie die neuen Machthaber es nannten; wobei die meisten vorauseilend ihre Selbstgleichschaltung vollzogen – Sportverbände, Forschungsinstitute, Berufsgenossenschaften, Jugendgruppen oder philharmonische Orchester verpflichteten sich auf den neuen Staat. Die auf diese Weise propagierte «Wiederherstellung der Einheit des Volkes» war durchaus populär – jedenfalls rechts und in der Mitte: Auf diese Weise, so die Hoffnung, werde Deutschland die nationale Stärke wiedergewinnen und die seit 20 Jahren anhaltende wirtschaftliche und soziale Dauerkrise überwinden.

Allerdings waren auf diese Weise auch die Institutionen und Mechanismen des Interessenausgleichs abgeschafft worden, die in Demokratien der Regelung von Konflikten dienen. Dadurch kam es in der Administration des neuen Staates schon bald zu Konflikten, nachdem es oft eher von zufälligen Machtkonstellationen abhing, welches Ministerium, welche Behörde oder Parteigliederung sich durchzusetzen vermochte. Das wurde bis zu einem gewissen Grad durch die herausgehobene Stellung Hitlers ausgeglichen. Nicht die Prüfung der Plausibilität der Argumente eines Ressorts oder der numerischen Stärke einer Interessengruppe war nunmehr ausschlaggebend, sondern die

Nähe zu Hitler, den für sich zu gewinnen nun das ganze Trachten von Ministern, Parteifunktionären und Beamten bestimmte.

Hitlers Macht ruhte auf drei Pfeilern: auf der Loyalität der Führungskräfte in Wirtschaft, Verwaltung und Reichswehr, auf der Zustimmung von etwa der Hälfte der Bevölkerung sowie auf der Durchschlagskraft der eigenen «Bewegung», vor allem der SA, die in den Straßenkämpfen der vergangenen Jahre eine wichtige Rolle gespielt hatte. Sie war bis zum Frühjahr 1934 auf fast vier Millionen Mitglieder angewachsen und damit zahlenmäßig deutlich größer als die NSDAP. Seit dem Machtantritt Hitlers war jedoch ganz unklar, welche Aufgabe ihr hinfort zufallen sollte. Ihr Chef, Ernst Röhm, propagierte die «Fortsetzung der Revolution» und wollte die SA so zum «dritten Machtfaktor des neuen Staates» neben Partei und Reichswehr machen. Das stieß auf Ablehnung bei Wirtschaft, Ministerialbürokratie und Reichswehr, vor allem aber bei Hitler selbst, der seit jeher eifersüchtig darauf achtete, dass in der «Bewegung» kein Konkurrent um die Führung entstand.

Am 30. Juni 1934 ließ Hitler daraufhin in einer von der SS umsichtig vorbereiteten (und von der Reichswehr unterstützten) Aktion die SA-Führer sowie eine Reihe alter Konkurrenten und konservativer Kritiker ermorden – darunter Röhm und den früheren Reichskanzler von Schleicher, insgesamt 89 Personen. Mit dieser von Hitler persönlich angeführten Mordaktion wurde endgültig klar, dass es in der nationalsozialistischen Diktatur hemmende Bindungen durch Recht und Gesetz nicht mehr gab. Gleichwohl wurde die Tat von eilfertigen Juristen sogleich als rechtmäßig beglaubigt und auch von den deutschnationalen Koalitionspartnern geflissentlich begrüßt. Damit aber fielen sie als korrigierende Kraft hinfort aus. Das galt noch mehr für die Reichswehr, die sich durch ihre Beteiligung an der «Röhm-Aktion» zum Mordgehilfen gemacht und dem Diktator ausgeliefert hatte. Konsequenterweise wurde sie bereits am 2. August auf Hitler persönlich neu vereidigt. An Einfluss gewann dagegen die SS, die seit dem Januar 1933 unter ihrem Chef Heinrich Himmler die Politischen Polizeien in den Ländern übernommen hatte und nun nach den Mordaktionen des 30. Juni, die sie geplant und durchgeführt hatte, immer mächtiger wurde.

Auch Reichspräsident von Hindenburg hatte Hitler zu der «Röhm-Aktion» gratuliert – eine seiner letzten Amtshandlungen. Nach seinem Tod im August 1934 ließ Hitler das Amt des Reichspräsidenten mit dem des Reichskanzlers vereinen und das Volk darüber abstimmen. Fast neunzig Prozent der Wähler stimmten bei dieser (allerdings zum Teil manipulierten) Abstimmung der Vereinigung der beiden höchsten Staatsämter und Hitlers Ernennung zum «Führer und Reichskanzler» zu und legitimierten dadurch auch die Mordaktionen des 30. Juni.

Innerhalb von eineinhalb Jahren war es dem NS-Regime gelungen, einen vollständigen Systemwechsel vorzunehmen, der alle Elemente einer Revolution in sich trug. In der Substanz erfüllte er die politischen und ideologischen Zielsetzungen der radikalen Rechten, wie sie sie seit mehr als zwei Jahrzehnten angestrebt hatte. Die Umwälzungen betrafen Innen- und Außenpolitik ebenso wie die Wirtschaft, die Gesellschaft und die Kultur – und dass sich alles gleichzeitig und in rasendem Tempo vollzog, machte einen erheblichen Teil ihrer Wirkung aus.

Verfolgung

Die Nationalsozialisten hatten in den Jahren vor der Machtübernahme keinen Zweifel daran gelassen, dass sie die kleine jüdische Minderheit in Deutschland für einen Großteil aller Probleme verantwortlich machten, denen sich die Deutschen gegenübersahen. Zwar hatte die NSDAP-Führung die Zahl der extrem judenfeindlichen Ausfälle in den Wahlkämpfen der Jahre 1930 bis 1933 etwas reduziert, um auch Wähler über die antisemitisch Eingestellten hinaus zu gewinnen. Aber es war doch für jedermann offensichtlich, dass wer die Hitlerpartei wählte oder mit ihr sympathisierte, damit die am stärksten antijüdische Gruppierung unterstützte, die in Deutschland je aufgetreten war.

In der Anhängerschaft des Nationalsozialismus bestand nach der Machtübernahme die feste Erwartung, dass nun scharf gegen die Juden vorgegangen würde. Das befürchteten auch die Juden selbst. Viele von ihnen hatten die Bedeutung des 30. Januar zunächst unterschätzt, aber in der «Jüdischen Rundschau» wurde in diesen Tagen die Tragweite des Geschehens klar erkannt: «Der Nationalsozialismus ist eine judenfeindliche Bewegung, er ist programmatisch in einem Maße antisemitisch, wie es noch keine Partei war, er verdankt der skrupellosen Judenhetze einen großen Teil seiner agitatorischen Erfolge.» In der Tat nahm der antisemitische Furor schon seit den ersten Februartagen überall im Reich zu, und verstärkt nach dem Reichstagsbrand mehrten sich auch die Meldungen über gewalttätige Übergriffe auf einzelne Juden.

Einer klaren Linie folgte die antijüdische Politik des Regimes zunächst aber nicht. Die Juden zu demütigen, sie aus einflussreichen Positionen zu verdrängen, sie durch Gewalt und Drohungen zur Ausreise zu veranlassen, vor allem aber: ihr Vermögen an sich zu reißen – darin waren sich die Nationalsozialisten einig. Welche längerfristigen Perspektiven sich daraus ergaben, blieb unklar; in jedem Fall aber würden es die denkbar radikalsten sein, wie immer diese aussehen mochten. Schon früh etablierte sich hier eine Dynamik der Überbietung. Bereits in den ersten Wochen und Monaten nach der NS-Machtübernahme ergoss sich eine Flut diskriminierender Verordnungen und sonderrechtlicher Vorschriften über die jüdische Bevölkerung. Dabei kamen die Initiativen gegen die Juden oft aus den Gemeinden oder einzelnen Ländern, und Beamte und Verbandsfunktionäre schienen sich dabei an Eilfertigkeit, Einfallsreichtum und Tücke gegenseitig übertreffen zu wollen.

Ziel der Diskriminierungen und Gewalttaten war die Vertreibung der Juden – und diese Strategie erwies sich als wirksam. Noch im Jahr 1933 verließen 37 000 Juden das Land. Bis Ende 1937 waren insgesamt 125 000, mithin etwa ein Viertel der in Deutschland lebenden Juden emigriert. Und sowohl die unteren Parteigliederungen als auch Länder- und Reichsbehörden drängten darauf, die Vertreibung ebenso wie die Drangsalierung der Juden noch zu intensivieren.

Die auf Initiative Hitlers im September 1935 in aller Eile beschlossenen Nürnberger Gesetze trugen diesem Drängen Rechnung. Durch sie wurde die staatsbürgerliche Gleichheit der jüdischen Deutschen beendet. «Reichsbürger» konnten fortan nur noch «deutschblütige» Menschen sein. Eheschließung und sexueller Verkehr zwischen unverheirateten Juden und Nichtjuden standen unter Strafe. Allerdings blieb auch nach diesem Gesetz zunächst weiter unklar, wer genau als Jude zu gelten habe und wer nicht. Die Rasseforscher forderten, die Definition des Juden habe nach objektiver Feststellung der Blutsanteile zu erfolgen. Bald aber mussten sie ernüchtert konstatieren, dass es eine solche Methode gar nicht gab. Also wurde festgelegt, dass als «Rassejude» zu gelten habe, wer mindestens drei jüdische Großeltern habe – ausschlaggebend war die Religionszugehörigkeit.

Hatte man die beständigen Übergriffe und Gewalttaten der NS-Milizen noch als Exzesstaten politisch fanatisierter Minderheiten wahrnehmen können, so wurde mit den Nürnberger Gesetzen der Rassenantisemitismus als Grundlage staatlichen Verwaltungshandelns etabliert und damit der Bruch mit den Prinzipien der Rechtsgleichheit legalisiert.

Dabei spielten auch wirtschaftliche Aspekte eine Rolle, die bereits für das Aufkommen des modernen Antisemitismus im späten 19. Jahrhundert große Bedeutung besessen hatten. Die Juden galten als besonders erfolgreich in der Bewältigung der Herausforderungen, welche die neue Zeit mit sich brachte; und das nicht ohne Grund: Sie gehörten zu einem überproportionalen Teil dem Bürgertum an, waren besonders bildungsbeflissen und – wie die meisten religiösen oder ethnischen Minderheiten – besonders aufstiegsorientiert. Im Jahre 1901 hatten 7,3 Prozent der christlichen Kinder in Preußen einen höheren Schulabschluss als die Volksschule erreicht – aber 56,3 Prozent der jüdischen Kinder. Die Juden in Deutschland waren zu dieser Zeit vermutlich die erfolgreichste Minderheit in Europa. In der modernen Industriewirtschaft, in den akademischen Berufen, im Bankwesen, bei den neuen Handelsketten waren Juden außerordentlich stark vertreten. Das Durchschnittseinkommen der Juden war zu dieser Zeit etwa fünfmal so hoch wie das der christlichen Deutschen. Gerade die nicht religiös Orientierten unter ihnen besaßen kaum Bindungen an vormoderne Traditionen und fanden sich in den neuen Verhältnissen des Kapitalismus und der Massengesellschaft besser zurecht als die meisten christlichen Deutschen. Die Widersprüche und die Aporien der modernen Wirtschaftswelt auf das Wirken einer kleinen Gruppe zurückzuführen, die sich darin auf undurchschaubare Weise besser zurechtfand als man selbst – dies war eine so verführerisch einfache Erklärung der ansonsten unverständlichen Bewegungen von Konjunktur und Kapitalmarkt, dass sie selbst von solchen geglaubt wurde, die sich selbst gar nicht als Antisemiten verstanden.

Dabei war der wirtschaftliche Druck auf die Juden von Beginn an untrennbar mit Korruption, Bereicherung und Raub verbunden. Es waren nicht selten Parteifunktionäre, oft aber auch Mitarbeiter oder Konkurrenten jüdischer Ladenbesitzer oder Handwerker, die mit Denunziationen und Gewalt versuchten, von der Entrechtung der Juden wirtschaftlich zu profitieren. Gegenüber den großen jüdischen Unternehmen waren die Behörden und Parteidienststellen allerdings vorsichtiger, denn die Schließung solcher Betriebe wäre mit dem Verlust zahlreicher Arbeitsplätze verbunden gewesen. Erst als sich die wirtschaftliche Lage in Deutschland seit 1936 merklich zu bessern begann, wurde auch hier die Zurückhaltung aufgegeben. Nun schalteten sich auch die großen Banken und Versicherungen in die «Entjudung der deutschen Wirtschaft» ein, und seit 1938 wurden die Finanzbehörden zu den Zentralstellen der staatlichen Konfiszierung des jüdischen Eigentums.

Bemerkenswert war dabei die Parole, unter der die Enteignung des jüdischen Teils der deutschen Bevölkerung vollzogen wurde: «Wiedergutmachung». Die Vorstellung war hier, dass die Juden sich vor und nach dem Ersten Weltkrieg auf unerklärliche Weise an den Deutschen bereichert hätten, indem sie schlauer und gewitzter als jene Unternehmen gegründet, neue Produkte entwickelt, als Rechtsanwälte gearbeitet oder als Ärzte Erfolg gehabt hatten. Man nehme sich jetzt nur, was einem sowieso gehörte, war die verbreitete Legitimation für den organisierten Raub. Damit konnte auch der zuvor wirtschaftlich unterlegene Konkurrent sein Mitwirken an der Zerschlagung des erfolgreicheren jüdischen Textilgeschäfts rechtfertigen, um es dann für einen Spottpreis zu erwerben.

Wie in allen Diktaturen war auch im «Dritten Reich» die rasche Übernahme der Politischen Polizei eine der Voraussetzungen für die Ausschaltung der oppositionellen Kräfte und die Festigung der Macht des Regimes. Hier hatte die SS mit ihrem Chef Heinrich Himmler die Politischen Polizeien der Länder innerhalb weniger Monate in ein Instrument des Regimes verwandelt, mit dem die Gegner des Nationalsozialismus unter Umgehung der Justiz verfolgt und unterdrückt werden konnten. Diesem Ziel diente auch die Einrichtung von Konzentrationslagern, die im Land schnell eine angsteinflößende Bekanntheit erreichten.

Die in die Konzentrationslager Eingesperrten waren zunächst überwiegend politische Gegner des Nationalsozialismus, besonders Kommunisten, aber auch Sozialdemokraten, Gewerkschafter, Geistliche, Schriftsteller, Journalisten und andere, die den Nazis aus irgendeinem Grund missliebig waren. Die Zahl der in den Konzentrationslagern Umgekommenen lag bis Ende 1934 bei etwa 1200. Nachdem die meisten politischen Gefangenen in Zuchthäuser überführt worden waren, gab es Anfang 1936 noch etwa 3500 KZ-Häftlinge. Die Berichte über die brutalen Gewaltmaßnahmen in den Konzentrationslagern, vor allem die Morde an bekannten Persönlichkeiten wie den Schriftstellern Erich Mühsam und Carl von Ossietzky, trafen in der Öffentlichkeit der westlichen Länder auf Empörung und Fassungslosigkeit – ein solches Vorgehen war gerade in Deutschland nicht für möglich gehalten worden. Diese Empörung bewertete die Zustände in den KZs allerdings noch in den Kategorien eines zivilisierten Landes. Tatsächlich lag das hier zutage tretende Ausmaß an Gewalttätigkeit noch etwa in den Größenordnungen anderer brutaler Gewaltregime dieser Jahre, etwa Italiens unter Mussolini oder auch Griechenlands unter Metaxas – zu schweigen von der Sowjetunion unter Lenin und Stalin.

1936 wurde die Politische Polizei mit der Kriminalpolizei zur «Sicherheitspolizei» vereinigt. Damit wurde auch eine neue Stufe der Verfolgung erreicht, denn die Ursachen für zu verfolgendes kriminelles oder «asoziales» Verhalten galten nun als erblich bzw. rassisch bedingt. Bereits seit der Jahrhundertwende waren in Deutschland wie in vielen anderen Ländern gesellschaftsbiologische, «eugenische» Vorstellungen weit verbreitet und hatten innerhalb der beteiligten akademischen Professionen viel Unterstützung, aber auch Ablehnung erfahren. Entsprechende Gesetzentwürfe waren daher über das Stadium vorparlamentarischer Beratung nicht hinausgekommen. Diese Balance wurde in Deutschland nach 1933 beseitigt. Kritiker eugenischer und rassenhygienischer Maßnahmen wurden mundtot gemacht, und sehr früh begann auch die Umsetzung des bis dahin nur Gedachten in die Praxis. Gesellschaftliche Probleme, so schien es, wurden nun lösbar – und zwar durch die Beseitigung derjenigen, die man als Verursacher dieser Probleme ansah. «Trinker», «Prostituierte», «Arbeitsscheue», «Homosexuelle», «Gewohnheitsverbrecher» wurden verfolgt, weil ihr als schädlich angesehenes Verhalten als anlagebedingt betrachtet wurde, mithin als vererbt und vererbbar.

Ebenso erging es den «Geisteskranken», wobei dieser Begriff sehr rasch eine enorme Ausdehnung erfuhr. Ein erster Schritt auf diesem Wege war das bereits im Frühsommer 1933 verabschiedete «Gesetz zur Verhütung erbkranken Nachwuchses». Danach waren Menschen, die an «angeborenem Schwachsinn» litten, zu sterilisieren, wobei unter Schwachsinn «jeder im medizinischen Sinne als deutlich abnorm diagnostizierbare Grad von Geistesschwäche» verstanden wurde. Bis 1945 wurden auf der Basis dieses Gesetzes mehr als 400 000 Menschen sterilisiert.

Auch der Hang zur Kriminalität wurde nun als anlagebedingt und vererbbar angesehen. Das bezog sich nicht nur auf Mehrfachstraftäter, sondern auch auf Arbeitsverweigerer oder Landstreicher oder auf Personen mit unstetem Lebenswandel. Im Mittelpunkt dieser Bestrebungen, abweichendes Sozialverhalten und Vererbung miteinander in Beziehung zu setzen, standen aber die «Zigeuner». Diese Gruppe, so urteilten die Erbbiologen, sei als «geschichts- und kulturlose Primitive» anzusehen, die nicht umerzogen, sondern nur «unschädlich» gemacht werden könnte. Seit 1938 wurden daher mehr als 2000 als «asozial» stigmatisierte deutsche und österreichische «Zigeuner» in die Konzentrationslager des Reiches eingewiesen.

Drei Jahre nach der «Machtergreifung» hatte sich das nationalsozialistische Unterdrückungssystem auf gravierende Weise gewandelt, ohne dass dies in der Bevölkerung in stärkerem Maße wahrgenommen worden wäre: Nachdem die Verfolgung der politischen Gegner weitgehend abgeschlossen war, stand die Aussonderung der «Gemeinschaftsfremden» aus der deutschen Volksgemeinschaft im Vordergrund der Bemühungen. Das Gesellschaftskonzept der Nationalsozialisten beruhte auf einer Systematik von Gleichheit und Ungleichheit: Auf der einen Seite die große Gruppe der arischen, gesunden, leistungsfähigen deutschen «Volksgenossen», die über die Grenzen der Klasse, der Bildung, der Religion oder der landsmannschaftlichen Herkunft hinweg als «Gleiche» angesehen und durch den nationalsozialistischen Staat sozialpolitisch gefördert wurden. Auf der anderen Seite die Gruppe der ethnisch, sozial, biologisch und vor allem rassisch Ausgegrenzten, die den «Volksgenossen» nicht gleichgestellt war, sondern rechtlos, die von den Gesundheits- und Sicherheitsbehörden ausgesondert, vertrieben oder an der Fortpflanzung gehindert wurde.

Die Zahl der KZ-Insassen lag am Vorabend des Kriegsbeginns bei über 21 000. Der Anteil der «Politischen» unter ihnen betrug nur noch etwa ein Drittel.

Wirtschaft und Gesellschaft

Schon im Frühsommer 1933 hatte die Weltwirtschaftskrise ihren Höhepunkt überschritten, und die Konjunktur in Deutschland begann sich deutlich zu beleben. Das waren überaus günstige Voraussetzungen für die neue Regierung, die nun den Rückgang der Arbeitslosigkeit mit staatlichen Arbeitsbeschaffungsmaßnahmen im großen Stil forcierte. Bis Herbst 1934 sank die Zahl der Arbeitslosen auf 2,7 Millionen. Nichts hat die Stabilität des NS-Regimes in den Vorkriegsjahren so gestärkt wie diese rasante Reduzierung der Arbeitslosenzahlen, die zwar zu einem erheblichen Teil noch auf die Arbeitsbeschaffungsprogramme der Regierungen der Weimarer Republik zurückzuführen war, deren Erfolg aber den Nationalsozialisten zugerechnet wurde.

Der Grund für diesen rapiden Umschwung lag allerdings in der massiven Aufrüstung, die in Bezug auf Größenordnung und Geschwindigkeit historisch vorbildlos war. Sie diente, daran ließ Hitler intern von Beginn an keinen Zweifel, der «Wiederwehrhaftmachung» Deutschlands und der Vorbereitung eines Krieges. Nur mit einer starken Armee könne Deutschland seinen Einfluss in der Welt vergrößern. Letztes Ziel müsse dabei aber die gewaltsame «Eroberung neuen Lebensraums im Osten und dessen rücksichtslose Germanisierung» sein. Breite und Tempo der Aufrüstung nahmen bald exzeptionelle Größenordnungen an. Die staatlichen Rüstungsausgaben stiegen von 1,9 Milliarden Reichsmark im Jahr 1933 auf 10,3 (1936), schließlich auf 17,2 Milliarden (1938); das waren 74 Prozent aller Staatsausgaben. In keinem anderen kapitalistischen Staat hatte es außerhalb von Kriegszeiten jemals eine derartige Umschichtung der Staatsausgaben zugunsten der Rüstung gegeben.

Allerdings war völlig ungeklärt, wie eine solche Ausgabenexplosion finanziert werden sollte. Steuererhöhungen wollte man unbedingt vermeiden, weil man einen Popularitätsabfall des Regimes in der Bevölkerung befürchtete. Infolgedessen nahm der Staat umfangreiche Kredite auf – allerdings heimlich und außerhalb des offiziellen Etats, um nicht die Aufmerksamkeit des Auslands auf die (im Versailler Vertrag untersagte) massive Aufrüstung zu lenken. Letztlich, so das Kalkül der NS-Führung, sollten die Rüstungsschulden ohnehin durch einen gewonnenen Krieg beglichen werden, auf Kosten der zu besetzenden Länder Europas.

Nur wenige Jahre nach seiner Machtübernahme hatte das NS-Regime auch in der Wirtschaft einen vollständigen Kurswechsel vollzogen und dabei die Prinzipien des multilateralen Welthandels ebenso aufgegeben wie das System der liberalen, staatsfernen Marktwirtschaft. Der Erfolg aber schien ihm Recht zu geben. Während die USA nach wie vor tief in der «Großen Depression» steckten, waren die Arbeitslosenzahlen in Deutschland niedrig und die Wachstumsraten hoch. Dem westlichen System aus Demokratie und liberalem Kapitalismus, so schien es, war die in Deutschland etablierte Kombination aus Führerdiktatur und staatsinterventionistischer Wirtschaft offensichtlich überlegen. Freilich beruhte ihr Erfolg auf einer über Schulden finanzierten Rüstungswirtschaft. Die war rentabel nur im Kriegsfall.

Trotz aller Volksgemeinschafts-Propaganda blieb die soziale Struktur der deutschen Gesellschaft in den 1930er Jahren aber weitgehend stabil: Der Anteil der Arbeiterschaft lag weiterhin bei etwa 60 Prozent, und an ihrer sozialen Benachteiligung gegenüber den anderen gesellschaftlichen Schichten, die von der Aufwärtsentwicklung mehr und schneller profitierten, veränderte sich nichts. Das Regime versuchte allerdings die soziale Ungleichheit durch die propagandistische Aufwertung des «ehrlichen Arbeiters» und des «deutschen Sozialismus» zu kompensieren, durch die Mobilisierung von Ressentiments gegen «Reaktion» und «Gewerkschaftsbonzen» und vor allem gegen die Juden. Das blieb nicht ganz ohne Resonanz, wichtiger waren jedoch die neuen sozialpolitischen Leistungen – Familienunterstützung, Ehestandsdarlehen, vermehrte Konsummöglichkeiten, Einführung eines Mindestjahresurlaubs und das Angebot von billigen Pauschalreisen.

Solche Maßnahmen brachten Hitler Respekt und Zustimmung auch vermehrt in solchen Kreisen ein, die dem NS-Regime innerlich fernstanden. Über die Stimmung in der Arbeiterschaft schrieb ein Berichterstatter der «Sopade» genannten Exil-SPD: «Man kann gegen Hitler sagen was man will, er ist doch ein Kerl... So was macht Eindruck auf den Spießer und auch auf manchen Arbeiter und selbst auf Sozialisten.» Andererseits war vielen durchaus klar, worauf das hinauslief. «Wer die Dinge aufmerksam betrachtet», hieß es in einer Meldung aus Westfalen, «der sieht doch, daß die ganze sogenannte Arbeitsbeschaffung und die Ankurbelung der Wirtschaft ein großer Schwindel ist. Es sind Staatsaufträge, sonst nichts. Einmal hört das auf, wenn – kein Krieg kommt.»

Auch das Verhältnis des Bürgertums zum Nationalsozialismus war nicht widerspruchsfrei. Einerseits gaben sich die Nazis betont antibürgerlich, und der plebejische Habitus der braunen Milizen stieß bei Unternehmern ebenso wie im Bildungsbürgertum auf erschrockene Ablehnung. Auch die Verfolgung unliebsamer katholischer Priester oder der Mitglieder der protestantischen Bekennenden Kirche wurde von vielen missbilligt. Andererseits wusste man sich im Bürgertum in der Ablehnung von Marxismus, Republik und Kultur der Moderne mit dem Regime ebenso einig wie in der Bejahung eines idealisierten Nationalismus. Gottfried Benn, einer der bedeutendsten Lyriker des Expressionismus, drückte diese Grundsympathie zur NS-Diktatur sprachmächtig so aus: «Ich erkläre mich ganz persönlich für den neuen Staat, weil es mein Volk ist, das sich hier seinen Weg bahnt. Großstadt, Industrialismus, Intellektualismus, alle Schatten, die das Zeitalter über meine Gedanken warf, alle Mächte des Jahrhunderts, denen ich mich in meiner Produktion stellte, es gibt Augenblicke, wo dies ganze gequälte Leben versinkt, und nichts ist da als die Ebene, die Weite, Jahreszeiten, Erde, einfache Worte –: Volk.»

Aber solche romantischen Geständnisse verdeckten doch nur die Paradoxien, die in der Kultur wie in der Gesellschaft des Dritten Reiches festzustellen waren, denn die politischen Vorstellungen des Nationalsozialismus standen zunehmend in Widerspruch zu der durch die rüstungswirtschaftliche Dynamik noch beschleunigten Durchsetzung der Industriegesellschaft und der Kultur der Moderne.

Besonders deutlich wurde dies bei den Bemühungen zur Festlegung der Rolle der Frau. In den Schriften Hitlers wie in der Praxis der ersten Jahre des Regimes dominierten konservative und emanzipationsfeindliche Vorstellungen, wie man sie seit den 1890er Jahren kannte: «Das Wort von der Frauen-Emanzipation», so Hitler im September 1934 auf dem Parteitag in

Nürnberg, «ist nur ein vom jüdischen Intellekt erfundenes Wort … Was der Mann an Opfern bringt im Ringen seines Volkes, bringt die Frau an Opfern im Ringen um die Erhaltung dieses Volkes … Jedes Kind, das sie zur Welt bringt, ist eine Schlacht, die sie besteht für das Sein oder Nichtsein ihres Volkes». Das hier beschworene Frauen- und Familienideal wurde durch symbolische Überhöhungen der Mutterschaft wie die Inszenierung des Muttertages oder die Verleihung von Mutterkreuzen markiert. Sozialpolitisch setzte sich das fort in Form von Ehestandsdarlehen, Kindergeld und besonderen Fürsorgeprogrammen für Mütter mit Kindern, wenn sie denn als rassisch wertvoll galten.

Diese Vorstellung von der Mutterschaft als «Dienst an der Volksgemeinschaft» war allerdings verbunden mit der spezifisch nationalsozialistischen Eugenik und rassischer Auswahl. Schwangerschaftsabbruch war mit schweren Strafen bedroht. Und es ging nicht um Kinder, sondern um gesunde, rassisch einwandfreie, deutsche Kinder. In den Zeitungen und Schulbüchern wurde auf Schaubildern demonstriert, dass rassisch wertvolle Familien viel weniger Kinder bekämen als Familien mit schlechten Erbanlagen; dadurch werde die Substanz des deutschen Volkes ausgehöhlt und schließlich vernichtet. Nirgends wurde dieser Zusammenhang aber deutlicher als im Verbot sexueller Beziehungen mit Juden. «Rassenschande» wurde mit Haftstrafen und oft auch mit der Einweisung in ein Konzentrationslager bestraft.

Gleich nach der Machtübernahme begann das NS-Regime auch mit einer Kampagne gegen das «Doppelverdienertum», um Frauen, die durch ihre Berufstätigkeit arbeitslosen Männern angeblich die Arbeitsplätze wegnahmen, zurück in die Familie zu schicken. Das bezog sich besonders auf Frauen, die in besser bezahlten Berufen tätig waren: Schulleiterinnen wurden abberufen und durch Männer ersetzt. Ärztinnen, Apothekerinnen, Anwältinnen wurden diskriminiert. Frauen wurden nicht oder erst zum 35. Lebensjahr verbeamtet. Der Anteil der weiblichen Studierenden wurde auf zehn Prozent der Neuimmatrikulationen begrenzt.

Diesem von Partei und Regierung forcierten Trend standen allerdings die Erfordernisse der Rüstungswirtschaft und ihr gravierender Bedarf an Arbeitskräften entgegen. Trotz aller Einreden von Parteioberen gegen die als «naturwidrig» angesehene Industriearbeit von Frauen stieg die Zahl der weiblichen Erwerbstätigen von 11,3 Millionen im Krisenjahr 1933 auf 14,6 Millionen bei Beginn des Krieges. Während in dieser Zeit also die Zahl der Beamtinnen um rund fünf Prozent abnahm und die der weiblichen Selbstständigen gar um 14 Prozent, vergrößerte sich die Zahl der Industriearbeiterinnen und die der weiblichen Angestellten im gleichen Zeitraum um etwa 20 Prozent. Mit Beginn des Krieges wurden die restriktiven Maßnahmen indes zum größten Teil wieder rückgängig gemacht. Die vor 1939 entlassenen Beamtinnen und Akademikerinnen, insbesondere die Lehrerinnen und Ärztinnen, wurden wieder eingestellt, im Wintersemester 1943/44 war der Frauenanteil bei den Neuimmatrikulationen auf fast fünfzig Prozent angewachsen. Als dann trotz aller Widerstände 1943 doch eine Dienstverpflichtung für Frauen eingeführt wurde, offenbarten sich die sozialen Differenzen erneut. Dass es bürgerlichen Frauen und Mädchen leicht gelinge, durch Scheinarbeitsverhältnisse die Dienstverpflichtung zu umgehen, wurde zum Gegenstand heftiger Kritik ebenso wie die Tatsache, dass bürgerliche Haushalte bis Kriegsende unter keinen Umständen auf Dienstmädchen verzichten wollten, von denen es bis Kriegsende fast 800 000 gab (davon fast ein Drittel ausländische Zwangsarbeiterinnen).

Auch im Bereich der Landwirtschaft traten solche Widersprüche auf. Durch die Weltwirtschaftskrise war die seit Jahrzehnten andauernde Verschiebung von Kapital und Arbeitskräften vom Agrar- in den Industriebereich unterbrochen worden. Teile der Bauernschaft und vor allem die oft hoch verschuldeten Großagrarier hatten seit langem gefordert, die Landwirtschaft aus der kapitalistischen Marktwirtschaft herauszunehmen, um die Zukunft des Bauerntums auch jenseits von Profitabilität und Markt zu sichern. Diese Forderungen hatten die Nationalsozialisten unterstützt und mit dem Postulat des Bauerntums als «Blutquell» des deutschen Volkes ideologisch überhöht. Durch die Politik der Aufrüstung aber wuchs die Zahl der von der Landwirtschaft in die Industrie wechselnden Arbeitskräfte in ganz erheblichem Umfang, weil hier viel höhere Löhne gezahlt wurden als auf dem Land. Das aber stand in klarem Gegensatz zu dem Ziel des Regimes, eine gewaltige Produktionssteigerung der deutschen Landwirtschaft zu erreichen, um so die «Blockadefreiheit» Deutschlands im Kriegsfall zu gewährleisten. Um das zu erreichen, wurde der Agrarsektor weitgehend vom Staat gesteuert, Preise und Absatzwege wurden kontrolliert, um die Agrarproduktion zu rationalisieren und zu intensivieren.

Das aber stand in Widerspruch zu der propagierten, spezifisch nationalsozialistischen Agrarpolitik. Die hatte bewirkt, dass etwa eine Million bäuerlicher Betriebe als «Erbhöfe» ungeteilt an den erstgeborenen Sohn vererbt wurden. Sie durften nicht mehr verkauft werden und wurden dadurch vom kapitalistischen Bodenmarkt getrennt. Das entsprach zwar den agrarromantischen Vorstellungen der Zivilisationskritiker der Jahrhundertwende und auch der Nationalsozialisten. Mit den auf Effektivierung und Leistungssteigerung getrimmten agrarpolitischen Zielsetzungen des Regimes waren solche Maßnahmen jedoch nicht vereinbar, zumal bäuerliche Kleinbetriebe nach den Plänen der NS-Agrarpolitiker auf mittlere Sicht ganz aufgelöst werden sollten, um die Rückständigkeit des Agrarbereichs gegenüber dem Industriesektor durch Mechanisierung und verwissenschaftlichte Wirtschaftsführung auszugleichen. Noch weiter gingen die Vorstellungen, die in der ersten Kriegsphase für die Modernisierung des Agrarbereichs in Osteuropa entwickelt wurden: große Anbauflächen, durchgreifende Maschinisierung, eine vollständig erneuerte Infrastruktur sowohl bei den Verkehrswegen wie bei den dörflichen Siedlungen. Mit den Vorstellungen von der Wiederherstellung eines traditionellen, schollengebundenen deutschen Bauerntums als «Blutquell der Nation» hatte das nichts mehr zu tun.

So wurde das Spannungsverhältnis zwischen bürgerlich-konservativen und völkischen Glaubenssätzen und den Auswirkungen der Dynamisierung der deutschen Kriegswirtschaft spätestens seit Einsetzen der verschärften Rüstungskonjunktur zum

Gegenstand steter Auseinandersetzungen. Die Kriegswirtschaft erzwang eine Anpassung an moderne technische Entwicklungen, an Rationalisierung, nachhaltige Ressourcennutzung und zweckgebundenen Kräfteeinsatz, obwohl dadurch Entwicklungen eingeleitet oder befördert wurden, die zu verhindern oder rückgängig zu machen einst zu den wichtigsten Zielsetzungen der Nationalsozialisten gehört hatte.

Im Verlaufe des Krieges aber verloren solche Widersprüche ihre Bedeutung. Der Sieg war die Hauptsache, ihm wurde alles andere untergeordnet – und nach dem Krieg, so beruhigte man sich, würden die ideologischen Maximen wieder stärker zur Geltung kommen können.

Expansion

Die seit 1934 forcierte Aufrüstungspolitik trug das Risiko in sich, dass die Westmächte, vor allem Frankreich, auf diesen Bruch des Versailler Vertrags mit Druck, womöglich mit dem Einmarsch in Deutschland reagierten. Das hätte vermutlich auch das Ende der NS-Regierung bedeutet. Deshalb begann Hitler mit einer nach Osten wie nach Westen gerichteten Beschwichtigungspolitik und der unablässigen Bekundung seines Friedenswillens und war sogar bereit, einen Ausgleich mit Polen zu finden. Zugleich verließ Deutschland jedoch die Genfer Abrüstungsverhandlungen und den Völkerbund, um gegen den Versuch der Rüstungskontrolle zu protestieren (die das Ausmaß der deutschen Aufrüstung sofort an den Tag gebracht hätte). Um diesen Schritt zu legitimieren, wurden erneut «Neuwahlen» ausgeschrieben und mit einem Volksentscheid über die Politik der Reichsregierung verbunden. Zwar stand hier nur noch eine Partei zur Wahl, aber die überwältigenden Zustimmungsraten vermittelten manchen auswärtigen Beobachtern doch den Eindruck einer Art von autoritärer Demokratie.

Diese Verbindung aus kalkulierter Vertragsverletzung und

propagandistisch verstärktem Friedenswillen wiederholte sich nun mehrfach – so bei der Wiedereinführung der Allgemeinen Wehrpflicht. Die war kaum verkündet, schon folgte ihr ein deutsch-britischer Abrüstungsvertrag, bei dem die deutsche Seite den Briten weit entgegenkam. Dass die Briten überhaupt ein solches bilaterales Abkommen mit dem Deutschen Reich abschlossen, verdeutlichte, dass man in London von dem harten Kurs des Versailler Vertrags Abstand zu nehmen begann.

Der nächste Schritt war der bis dahin zweifellos riskanteste: der Einmarsch deutscher Truppen in das seit Kriegsende entmilitarisierte Rheinland am 7. März 1936. Auf deutscher Seite befürchtete man nicht ohne Grund eine militärische Reaktion Frankreichs. Um das zu verhindern, zog Hitler wiederum alle Register der Friedensliebe, bis hin zum Angebot eines Nichtangriffsvertrags mit Frankreich und allen westlichen und östlichen Nachbarstaaten. Das war erfolgreich, denn zwar gab es tatsächlich scharfe Proteste und eine Verurteilung durch den Völkerbund; eine militärische Intervention blieb jedoch aus. Erneut hatte sich Hitler mit seiner Vabanque-Politik gegenüber den zögerlichen Regierungen in Paris und London und jenen Kritikern in den eigenen Reihen durchgesetzt, die vor seinem riskanten Vorgehen gewarnt hatten.

Ein weiteres Mal wurden nun der Reichstag aufgelöst und «Neuwahlen» ausgeschrieben. Der Propagandaeinsatz übertraf das bisher Gewohnte, und noch mehr galt das für die Verherrlichung des Führers, «dem alles gelingt». Aus der Kriegsangst wuchsen Erleichterung und Zustimmung. 98,8 Prozent Zustimmung wurden als Ergebnis der Wahlen vermeldet – zweifellos manipuliert, aber dass die Außenpolitik Hitlers vom überwiegenden Teil der Bevölkerung gutgeheißen wurde, ist wohl als sicher anzunehmen.

Die pompöse Selbstinszenierung des Regimes erreichte ihren Höhepunkt im Sommer 1936 bei den Olympischen Spielen in Berlin, die mit verschwenderischer Pracht und großem Aufwand gefeiert wurden. Judenfeindliche Plakate sahen die vielen ausländischen Beobachter nicht, ihnen wurde ein friedfertiges und zufriedenes Land vorgeführt, um so das ramponierte Ansehen der Diktatur im Ausland zu verbessern. Das funktionierte, und die Resonanz auf die Spiele war entsprechend: «Alle Welt ist begeistert», kommentierte der französische Botschafter. «Ich fürchte, die Nazis hatten Erfolg mit ihrer Propaganda», notierte der amerikanische Journalist William Shirer in sein Tagebuch.

Der immer ausgedehntere Jubel, der Hitlerkult, die pompösen Aufmärsche und die Dauerpropaganda vermittelten den Eindruck, als stünde das ganze Volk geeint hinter Hitler und seinem Staat – und diesen Eindruck wollte das Regime ja auch vermitteln. Tatsächlich war wohl auch ein Teil derer, die 1933 noch gegen Nazis und DNVP gestimmt hatte, angesichts der wirtschaftlichen und außenpolitischen Dauererfolge ins Lager der Regimeanhänger gewechselt. Die überzeugten Anhänger der Republik und zumal der Arbeiterparteien hingegen litten unter dem Terror der NS-Milizen. Ihre Organisationen waren zerstört und handlungsunfähig. Bereits Anfang 1935 ging die Gestapo davon aus, dass es einen nennenswerten politischen Widerstand gegen das Regime nicht mehr gab.

Die politische Konstellation in Europa hatte sich innerhalb von kaum drei Jahren neu formiert. Dabei standen den liberaldemokratisch regierten Ländern um Frankreich und Großbritannien die rechtsautoritären Diktaturen unter Führung des nationalsozialistischen Deutschlands und des faschistischen Italiens gegenüber. Diese kontinentale Konfrontationslinie wurde sichtbar, als in Spanien im Sommer 1936 die Militärs gegen die republikanische Regierung putschten und sich daraus ein blutiger, lang anhaltender Bürgerkrieg entwickelte. Italien und Deutschland unterstützten die antirepublikanischen Aufständischen mit Waffen und Truppen, während Frankreich der spanischen Regierung, wenn auch sehr zögerlich, zu Hilfe kam; einige Zeit später auch die Sowjetunion. Aus dem Regionalkonflikt war so ein Stellvertreterkrieg der neuen Blöcke geworden, in dem es nicht nur um Spanien ging, sondern um die gesellschaftliche Ordnung in Europa. Hier sind die Vorzeichen des kommenden Krieges bereits zu erkennen.

Allerdings stand im Deutschen Reich die wirtschaftliche Lage einer intensivierten Kriegsvorbereitung immer deutlicher im Wege. Vor allem die fehlenden Devisen waren ein Problem, die man zum Ankauf der dringend benötigten Rohstoffe wie Kautschuk, Eisenerz oder Zink brauchte. Um sie zu erwirtschaften, hätte man exportieren müssen. Das aber wäre nur auf Kosten der Rüstungsproduktion zu erreichen gewesen. Führende Wirtschaftsfachleute wie der Reichsbankchef Hjalmar Schacht und der Leipziger Oberbürgermeister Carl Goerdeler forderten denn auch, den Export zu verstärken und das Tempo der Aufrüstung zu vermindern. Diese Vorschläge wurden von Hitler jedoch strikt zurückgewiesen: Angesichts der Bedrohung durch den Bolschewismus, so erklärte er im August 1936, sei die Vorbereitung Deutschlands auf einen Krieg überlebensnotwendig und gegenüber allem Anderen vorrangig. Die Aufrüstung müsse im Gegenteil sogar noch beschleunigt werden, unabhängig von den Kosten. Im Übrigen, so Hitler, sei für die Devisenknappheit das Judentum verantwortlich, hier müsse man sich schadlos halten. Sein Fazit: «I. Die deutsche Armee muß in vier Jahren einsatzfähig sein. II. Die deutsche Wirtschaft muß in vier Jahren kriegsfähig sein.»

Mittlerweile hatten aber auch die potentiellen Kriegsgegner, vor allem Großbritannien und Frankreich, damit begonnen, ihre Rüstungsanstrengungen zu verstärken – und sie konnten im Konfliktfall mit der Unterstützung durch die USA rechnen. Mittelfristig war Deutschland dem Westen daher im Hinblick auf Ressourcen und Produktionskapazitäten deutlich unterlegen. Deshalb, so Hitler im November 1937 zu seinen Generälen, müsse der große Krieg bald kommen, sonst werde sich das Kräfteverhältnis schnell zu Ungunsten Deutschlands entwickeln. Um die materiellen Grundlagen des Reiches zu vergrößern, müsse zunächst die territoriale Basis Deutschlands erweitert werden, etwa durch die Einverleibung Österreichs und der Tschechoslowakei, wenn möglich zunächst unterhalb der Kriegsschwelle. Auf mittlere Sicht werde es aber «zur Lösung der deutschen Frage nur den Weg der Gewalt geben».

Dieser Logik folgte der deutsche Einmarsch in Österreich im März 1938. Dabei erbeutete das Deutsche Reich gewaltige Vorräte an Gold, Devisen und Rohstoffen und konnte seine Kapazitäten bei der Industrieproduktion, der Arbeiterschaft und beim Militär erheblich erweitern. Auch bei diesem Coup wiederholte sich die schon gewohnte Abfolge von sorgenvoller Anspannung und triumphaler Begeisterung. Die Volksabstimmung in Österreich am 10. April 1938 endete mit 99,7 Prozent Ja-Stimmen. Vom ohrenbetäubenden Jubel der Österreicher beeindruckt, erkannten die Westmächte den «Anschluss» an das Reich ohne Zögern an. Von dieser Seite war Widerstand gegen eine weitere Expansion Deutschlands offensichtlich nicht zu erwarten. Vielmehr setzte sich vor allem in Großbritannien eine Politik der Beschwichtigung («Appeasement») gegenüber den deutschen Expansionsplänen durch: Um einen neuen Krieg zu verhindern, wollte man Hitler so weit wie möglich entgegenkommen.

Der aber stand unter Zeitdruck und erteilte der Wehrmacht bereits unmittelbar nach dem Triumph in Wien die Weisung, sofort mit den Vorbereitungen auf einen Einmarsch in den Westteil der Tschechoslowakei zu beginnen. Vorwand bot hierbei die behauptete Unterdrückung der «sudetendeutschen» Minderheit in der Tschechoslowakei. Auf den deutschen Druck reagierte die Regierung in Prag jedoch am 20. Mai 1938 mit der Anordnung der Mobilmachung. Ihr folgten die Beistandserklärungen ihrer Bündnispartner in London, Paris und Moskau – daraufhin zog die deutsche Seite zurück. Vor allem die Wehrmachtsführung riet zur Zurückhaltung: Zum jetzigen Zeitpunkt könne man einen Krieg nicht gewinnen.

Hitler hingegen war überzeugt, dass sich die strategische Lage Deutschlands durch weiteres Zuwarten nur verschlechtern würde. Als im «Sudetenland» im September Unruhen ausbrachen, drohte der deutsche Diktator der Prager Regierung erneut mit Gewalt. Daraufhin spitzte sich die Lage zu: Die Tschechoslowakei machte mobil, Frankreich ließ die Reservisten einberufen, England versetzte seine Flotte in Kriegsbereitschaft – Europa stand vor dem Krieg. Und diesmal zogen die Deutschen nicht zurück. Daraufhin gab Großbritannien bei einem Zusammentreffen in München am 29. September 1938 dem Drängen der von Italien unterstützten Deutschen nach und erklärte sich damit einverstanden, dass die tschechischen Gebiete mit deutscher Bevölkerungsmehrheit dem Deutschen Reich angegliedert würden. Zwei Tage später besetzte die Wehrmacht das von den tschechischen Streitkräften geräumte Gebiet. Ohne militärische Einwirkung war dem Reich ein Terrain mit fast 30 000 Quadratkilometern, mehr als 3,5 Millionen Menschen, wichtigen Industriezentren und bedeutenden Rohstoffvorkommen zugefallen.

Zwar war die Erleichterung, zumal in Paris und London, über den geretteten Frieden groß. Aber Großbritannien hatte sich mit dem Münchner Abkommen als Schutzmacht eines verbündeten Landes doch ziemlich unglaubwürdig gemacht, und die Kritik an der Appeasement-Politik im eigenen Land wurde so eindeutig, dass mit weiteren Zugeständnissen an Deutschland von britischer Seite nicht mehr zu rechnen war. Allerdings hatten die Westmächte das Münchner Abkommen mit Deutschland und Italien allein ausgehandelt – ohne die Sowjetunion. Das war folgenreich vor allem deswegen, weil die sowjetische Führung seither argwöhnte, die Westmächte könnten sich im Konfliktfall mit Hitlerdeutschland einigen und gegen die Sowjetunion gemeinsame Sache machen.

Dem Triumph von München war in Deutschland zwar ein weiteres Mal der Umschlag von ängstlicher Spannung in erleichterte Begeisterung gefolgt, von Kriegsbegeisterung aber war im Volk nichts zu spüren. Die NS-Führung realisierte, dass sie sich des Rückhalts für ihre Kriegspolitik in der deutschen Bevölkerung nicht wirklich sicher sein konnte: Die Deutschen wollten keinen Krieg. Das nahm das Regime zum Anlass, die «Stimmung und Haltung» der Bevölkerung verstärkt zu überwachen, um auf Unzufriedenheit oder Missstände rasch reagieren zu können – sei es mit Repressionen, sei es mit sozialpolitischen Rücksichtnahmen. Die Arbeiterstreiks vom Januar 1918 waren noch in frischer Erinnerung.

Novemberpogrome

Um der außenpolitischen Wirkung willen hatte das Regime seine Politik gegen die Juden während der Olympischen Spiele kurzzeitig zurückgefahren. Danach verstärkten sich die antisemitischen Kampagnen aber wieder und erreichten mit der rabiaten Entrechtung und Drangsalierung der Juden in Österreich seit dem März 1938 einen weiteren Höhepunkt. In zunehmendem Maße ging es den Nationalsozialisten nun um die «Lösung der Judenfrage in der Wirtschaft».

Die Ziele des Regimes in der Judenpolitik waren allerdings in sich widersprüchlich. Einerseits sollte die Auswanderung der Juden befördert werden, andererseits sollten die Juden ihr Vermögen in Deutschland zurücklassen, um die leeren Staatskassen aufzufüllen. Die Auswanderung war den Juden aber nur möglich, wenn ihnen ausreichende Finanzmittel belassen wurden, damit sie von anderen Ländern überhaupt aufgenommen würden. Da die deutschen Behörden aber die Verfolgung und Diskriminierung weiter verstärkten, um die Juden zur Auswanderung zu veranlassen, und zugleich die «Arisierung» verschärften, um an das Vermögen der Juden zu kommen, geriet die Auswanderung ins Stocken. Zudem hatte eine in Évian tagende internationale Konferenz im Sommer 1938 ergeben, dass fast kein Land bereit war, überhaupt jüdische Flüchtlinge aus Deutschland aufzunehmen, und nicht einmal die USA erhöhten ihre Quote von Einwanderern aus Deutschland. Die meisten Länder schlossen ihre Grenzen für Flüchtlinge aus Deutschland ganz.

So war der weitere Kurs der deutschen Judenpolitik im Herbst 1938 unklar. Wenige Tage später wurde dieses Thema jedoch auf unerwartete Weise aktualisiert. Am 7. November wurde in Paris der deutsche Diplomat Ernst Eduard vom Rath von einem jungen polnischen Juden angeschossen und starb am

Tag darauf. An diesem Abend hatten sich Hitler und sein Propagandaminister Joseph Goebbels zur Feier des Jahrestags des Hitlerschen Putschversuches vom 9. November 1923 mit zahlreichen Parteigenossen in München versammelt. Als die Nachricht vom Tode vom Raths bekannt wurde, befahlen sie allen Parteigliederungen, dass unverzüglich «Aktionen grössten Stils mit vollkommen freier Hand für Jedermann gegen Juden einzutreten haben, die mit einer entsprechenden Vernichtung des jüdischen Besitzes enden».

So instruiert, liefen überall im Land SA- und Parteileute zusammen und begannen noch in der Nacht damit, jüdische Geschäfte zu plündern, jüdische Einrichtungen zu zerstören und Synagogen anzuzünden. In vielen Städten wurden sie von Passanten unterstützt, in manchen Orten half die Feuerwehr bei der fachmännischen Inbrandsetzung der Synagogen. Mehr als 100 Juden kamen bei den Pogromen ums Leben.

Zwar wurde das Ganze von der NS-Propaganda als «Ausdruck des Volkszorns» apostrophiert, die meisten örtlichen Parteistellen berichteten aber, dass die Aktionen in der Bevölkerung auf Unverständnis und Ablehnung gestoßen seien. «Der überwiegende Teil der Bevölkerung», wurde aus Bielefeld gemeldet, «hat die Aktion gegen die Juden nicht verstanden und mit dem Hinweis verurteilt, daß Derartiges in einem Kulturstaate nicht vorkommen dürfe.» Ausländische Beobachter waren entsetzt über das Ausmaß an Gewalt, das sich hier offenbarte. Die USA riefen ihren Botschafter aus Berlin zurück, und der französische Geschäftsträger in Berlin prognostizierte, dass «die Gewalttätigkeit und Grausamkeit, die in der nationalsozialistischen Ethik stecken, Deutschland dazu verdammen, nach dem Gesetz des Schwertes, mit dem es seine Gegner unterwerfen will, selbst gerichtet zu werden».

Gleichwohl waren Partei und Behörden mit der Aktion nicht unzufrieden, bot sie doch Gelegenheit, die antijüdische Politik erheblich zu verschärfen. Den Juden wurde die Zahlung einer «Sühneleistung» in der exorbitanten Höhe von einer Milliarde Mark auferlegt, und die Finanzbehörden begannen nun mit der «Arisierung» auch der großen jüdischen Unternehmen. Vor allem aber wurde die antijüdische Politik des Regimes fortan bei Heydrichs Sicherheitspolizei koordiniert, die unmittelbar nach den Pogromen fast 30 000 jüdische Männer für einige Wochen in Konzentrationslager einlieferte, um so deren «Auswanderungswilligkeit» zu erzwingen. Allein im KZ Dachau gab es in wenigen Wochen 185 Tote unter den seit November Eingelieferten. Das waren neue, bis dahin auch im «Dritten Reich» unbekannte Dimensionen. Im Januar 1939 richtete die Sicherheitspolizei dann eine «Reichszentrale für jüdische Auswanderung» ein, um die Auswanderung der Juden zu beschleunigen.

Spätestens jetzt wurde den meisten deutschen Juden klar, dass nun ihr Leben in Gefahr war; und dieser Schrecken ließ in den Folgemonaten die Auswanderungszahlen hochschnellen. Es waren jedoch überwiegend junge Juden, die sich zur Auswanderung entschlossen. Drei Viertel der Zurückgebliebenen waren älter als vierzig Jahre. Im Sommer 1939 lebten noch etwa 200 000 Juden in Deutschland.

Die politischen Auswirkungen des 9. November waren von großer Reichweite – nicht nur, was die empörten Reaktionen im Ausland betraf. Die Überfälle, Brandstiftungen, Plünderungen, Morde waren in aller Öffentlichkeit geschehen, und niemand in Deutschland konnte fortan behaupten, von der Verfolgung der Juden nichts gewusst zu haben. Zudem überboten sich die Naziführer gegenseitig mit Drohungen, Prophezeiungen des Untergangs und der Vernichtung der Juden. Hermann Göring, Chef des «Vierjahresplanes», der wirtschaftlichen Zentralbehörde des Reiches, etwa verkündete: «Wenn das Deutsche Reich in irgendeiner absehbaren Zeit in außenpolitischen Konflikt kommt, so ist es selbstverständlich, daß auch wir in Deutschland in aller erster Linie daran denken werden, eine große Abrechnung an den Juden zu vollziehen.» Das bedeutete schon mehr als nur staatliche Verfolgung und Diskriminierung wie bisher. Durch solche rhetorischen Überbietungen wurden das öffentlich Denk- und Sagbare ausgeweitet und die Erwartungen der Anhänger angeheizt.

Am deutlichsten wurde Hitler selbst, als er am 30. Januar 1939 im Reichstag die Grundlagen und Ziele der antijüdischen

Politik seines Regimes erläuterte. Das Judentum müsse aus Europa abgeschoben und irgendwo in der Welt angesiedelt werden, erklärte er. Geschehe dies nicht, werde es in Europa «früher oder später einer Krise von unvorstellbarem Ausmaß erliegen». Denn «wenn es dem internationalen Finanzjudentum in und außerhalb Europas gelingen sollte, die Völker noch einmal in einen Weltkrieg zu stürzen, dann wird das Ergebnis nicht die Bolschewisierung der Erde und damit der Sieg des Judentums sein, sondern die Vernichtung der jüdischen Rasse in Europa.»

Mit dieser «Prophezeiung», auf die er in den folgenden Jahren immer wieder Bezug nahm, offenbarte Hitler die Perspektive seiner Politik gegen die Juden. Nicht dass er hier schon gewusst hätte, wie er fortan vorgehen würde – Ausmaß und Ergebnis des von ihm geplanten Krieges waren ja Anfang 1939 noch gar nicht absehbar. Aber hinter den Begriff der «Vernichtung der jüdischen Rasse in Europa» konnte fortan kein NS-Funktionär mehr zurück, der über die Juden sprach.

Kriegskurs

Nach der Inkorporation des «Sudetenlandes» ins Reichsgebiet richtete sich das deutsche Interesse nun auf die Tschechoslowakei bzw. das, was von ihr nach der Münchener Konferenz übrig geblieben war. Um das Land zu destabilisieren, unterstützte die deutsche Regierung die separatistische Bewegung in der Slowakei, die auf deutsches Drängen schließlich die Abtrennung vom tschechischen Teil des Landes und die Unabhängigkeit erklärte. Als die tschechische Regierung Truppen schickte, um die Unruhen niederzuschlagen, nutzte Hitler die so entstandene Situation der Unsicherheit, um den in Berlin weilenden tschechischen Staatspräsidenten Emil Hácha so stark unter Druck zu setzen, dass er sich bereit fand, Deutschland offiziell zu Hilfe zu rufen und das Schicksal seines Landes «vertrauensvoll in die Hände des Führers des Deutschen Reiches» zu legen. Am

15. März 1939 marschierte die Wehrmacht in Prag ein, die «Resttschechei» wurde als «Protektorat Böhmen und Mähren» zum Nebenland des Deutschen Reiches erklärt, während die Slowakei zu einem selbstständigen, von Deutschland abhängigen Staat wurde.

Erneut erlangte das Reich auf diese Weise einen enormen wirtschaftlichen und militärischen Kraftzuwachs. Aber während es sich beim Rheinland, Österreich und dem «Sudetenland» um Gebiete mit überwiegend deutscher Bevölkerung gehandelt hatte, war der Einmarsch in die «Tschechei» nichts weiter als ein kriegerischer Akt ohne jede nationalpolitische Rechtfertigung. In London und Paris machte man sich auch gar keine Illusionen mehr über die kriegerischen Absichten Deutschlands, eine Fortsetzung der Appeasement-Politik war nunmehr ausgeschlossen. Absehbar war, dass Polen das nächste Ziel deutscher Expansionspolitik sein würde; schon seit einiger Zeit hatte Berlin die Streitigkeiten insbesondere um den Status der Stadt Danzig verschärft. Als Reaktion darauf gaben Großbritannien und Frankreich unmittelbar nach dem deutschen Einmarsch in Prag eine Garantieerklärung ab, Polen militärisch beizustehen, sollte es angegriffen werden. Dessen ungeachtet befahl Hitler der Wehrmachtsführung, mit den Vorbereitungen eines Einmarsches in Polen sogleich zu beginnen. Allerdings hoffte man in Berlin, den zu erwartenden Krieg gegen Polen rasch siegreich beenden zu können, ohne dass die beiden Westmächte eingriffen, deren Regierungschefs Hitler nach den Erfahrungen von München für risikoscheu und feige hielt.

Offen war jedoch, wie sich die Sowjetunion verhalten würde. Sowohl die britischen wie die deutschen Diplomaten bemühten sich im Sommer 1939 darum, das Land auf ihre Seite zu ziehen. Allerdings hatte Großbritannien im russischen Bürgerkrieg nach 1917 die gegenrevolutionären Truppen militärisch massiv unterstützt, und nach den Erfahrungen beim Münchner Abkommen war die Sowjetregierung überzeugt, dass sich Frankreich und Großbritannien bei günstiger Gelegenheit mit Hitlerdeutschland zusammentun und die Sowjetunion angreifen würden. Durch ein Bündnis mit Deutschland hingegen konnte Stalin eine solche Front der europäischen Mächte gegen die Sowjetunion spalten.

Bei den hektischen diplomatischen Verhandlungen im Sommer 1939 konnten die Deutschen der sowjetischen Seite letztlich mehr bieten als die Westmächte, nämlich die Aufteilung Polens zwischen beiden Ländern: Der westliche Teil sollte an das Reich, der östliche sowie das Baltikum an die Sowjetunion fallen. Am 24. August 1939 wurde das Bündnis geschlossen, das als Hitler-Stalin-Pakt in die Geschichte einging: formell ein Nichtangriffspakt, während die territorialen Vereinbarungen in einem geheimen Zusatzabkommen festgehalten wurden, dessen Existenz in Russland erst nach dem Zusammenbruch der Sowjetunion 1991 bestätigt wurde.

Über dieses «unnatürliche» Bündnis waren die Kommunisten weltweit ebenso überrascht, ja entsetzt wie die Nationalsozialisten in Deutschland, schließlich paktierte man mit dem Erzfeind. Machtpolitisch besaß der Pakt eine gewisse Logik. Beide Länder konnten ihre Machtbasis erweitern: Deutschland besetzte den Westteil Polens, die Sowjetunion den Ostteil sowie das Baltikum. Stalin gewann Zeit, um aufzurüsten und für einen Krieg gegen die Westmächte oder Deutschland gewappnet zu sein. Deutschland hingegen konnte jenen Zweifrontenkrieg gegen drei Großmächte vermeiden, der im Ersten Weltkrieg die deutschen Kräfte so deutlich überfordert hatte.

1914 hatte es in Europa viele Akteure gegeben, die auf einen Krieg hinarbeiteten oder besser: ihn nicht verhinderten. Dabei hatten die Deutschen eine wichtige, aber keineswegs die allein entscheidende Rolle gespielt. 1939 hingegen war nicht zweifelhaft, dass das nationalsozialistische Deutschland und vor allem der Diktator Hitler selbst diesen Krieg unbedingt wollten, um die Ergebnisse des Ersten Weltkriegs mit Gewalt zu revidieren, um die deutsche Vorherrschaft in Kontinentaleuropa zu errichten, um in Ost- und Südosteuropa ein koloniales Hinterland zu gewinnen und um Deutschland als Weltmacht zu etablieren.

DRITTER TEIL

Erste Kriegsphase 1939–1941

Am 1. September 1939 griff die Wehrmacht Polen an. Als zwei Tage später die Kriegserklärungen Frankreichs und Großbritanniens folgten, war aus dem deutsch-polnischen Grenzkonflikt ein großer Krieg geworden, kein unblutiger Wochenendcoup wie zuvor in Österreich oder in der Tschechei. Die deutschen Truppen agierten mit außerordentlicher Härte. Wie schon im spanischen Bürgerkrieg flog die Luftwaffe systematische Angriffe auf die großen Städte, mit enormen Opferzahlen unter der Zivilbevölkerung. Auf deutscher Seite wurden am Ende der knapp vierwöchigen Kriegshandlungen 10 000 Tote gezählt, auf polnischer Seite 66 000. Nach vier Wochen war die hoffnungslos unterlegene polnische Armee besiegt.

Frankreich und Großbritannien waren den Polen trotz der vertraglichen Verpflichtungen nicht zu Hilfe gekommen, zu aussichtslos schien ihnen ein Eingreifen angesichts der deutschen Überlegenheit. Zudem brauchten beide Länder Zeit, um aufzurüsten. Zwei Wochen nach dem deutschen Angriff marschierte die Rote Armee, wie mit den Deutschen vereinbart, in Ostpolen ein und überzog das Land ebenso mit Gewalt wie die Wehrmacht in dem von ihr besetzten Westteil. Von den 35 Millionen Menschen, die vor Kriegsbeginn in Polen lebten, kam bis 1945 jeder Sechste ums Leben – im Verhältnis zur Bevölkerungszahl mehr als in jedem anderen Land während des Zweiten Weltkrieges.

Wer aber in Berlin geglaubt hatte, dass England und Frankreich einlenken und eine Vereinbarung mit Deutschland auf Kosten Polens treffen würden, sah sich getäuscht. Das brutale Vorgehen der Deutschen in Polen hatte vor allem in Großbritannien den Widerstandswillen gestärkt. Es dauerte aber fast neun Monate, bis der Krieg im Westen begann. Hitler hatte den Angriffstermin immer wieder verschoben, hoffte er doch nach wie vor auf einen Ausgleich mit London. Zudem war man auch auf deutscher Seite auf einen langen Krieg noch nicht vorbereitet, die Wehrmacht hatte den Beginn eines großen Krieges erst für 1942 oder 1943 geplant.

Die deutsche Bevölkerung reagierte auf den Kriegsbeginn eher bedrückt als begeistert. «Allgemein herrschte bei Kriegsausbruch furchtbare Angst», notierte ein Beobachter des Informationsdienstes der Exil-SPD («Sopade») aus Südwestdeutschland. «Auch kritische Geister seien unsicher in der Beurteilung der Kriegschancen für Deutschland. Hitler habe bis jetzt immer Erfolge gehabt und man könne nicht wissen, wie die Sache diesmal ausgehen werde.» Wie schon bei den vorherigen militärischen Abenteuern wuchs jedoch die Zuversicht, als sich die Siegesmeldungen mehrten: «Jetzt fürchtet man den Krieg nicht mehr. Er erscheint jetzt viel weniger schrecklich [...] Vielleicht gewinnen wir doch.»

Dass der Krieg im Westen dann im Norden begann, hatte vor allem wirtschaftliche und strategische Gründe. Deutschland bezog einen erheblichen Teil seiner Rohstoffimporte, darunter fast die Hälfte seines Bedarfs an Eisenerz, aus Schweden, das über norwegische Häfen verschifft wurde. Um diese lebenswichtige Verbindung vor den britischen Truppen zu sichern, marschierte die Wehrmacht am 9. April in Norwegen (und zuvor in Dänemark) ein. Hier traf sie auf starken Widerstand britischer und französischer Truppen, die allerdings zurückgezogen wurden, als am 10. Mai Deutschland den Krieg gegen Frankreich, die Niederlande, Luxemburg und Belgien begann.

Die Beneluxstaaten waren innerhalb weniger Tage überrannt. Den Angriff auf Frankreich aber führten die deutschen Truppen, anders als im Ersten Weltkrieg und als von den Franzosen erwartet, nicht von Norden her, sondern von Südwesten mit einem schnellen Vorstoß durch die Ardennen, um so die französischen Verbände zu überraschen und in kurzer Zeit zu besiegen. Das gelang auch. Bereits am 20. Mai erreichten die deutschen Truppen die französische Kanalküste. Allerdings konnten die Briten ihre schon geschlagene Expeditionsarmee noch vor den heranstürmenden deutschen Truppen über den Ärmelkanal in Sicherheit bringen. Die französische Armee hingegen war vernichtend geschlagen: 350 000 Soldaten waren gefallen oder verwundet, fast zwei Millionen gerieten in Kriegsgefangenschaft. Auf deutscher Seite zählte man etwa 35 000 Gefallene und mehr als 100 000 Verwundete. Frankreich, Belgien, die Niederlande, Luxemburg, Dänemark und Norwegen waren in deutscher Hand. Deutsche Truppen beherrschten Europa vom Atlantik bis zum Bug, von Biarritz bis Narvik.

Nun waren Jubel und Erleichterung in Deutschland nahezu grenzenlos. Das Trauma der Niederlage von 1918 war überwunden, und nie zuvor und nie danach war das Vertrauen der deutschen Bevölkerung in die Tatkraft und das Genie ihres Führers so stark und einhellig wie nach dem Sieg über Frankreich. In einem Bericht aus Augsburg hieß es: «Die ganze Nation ist nun von einem so gläubigen Vertrauen zum Führer erfüllt, wie dies vielleicht in diesem Ausmaße noch nie der Fall war. Vor dieser Größe verstummt aller Kleinmut und alle Nörgelei.» Auch die Militärs waren voller Bewunderung für Hitlers strategische Fähigkeiten, hatte dieser doch gegen die Auffassung der meisten Generäle den Angriff über die Ardennen durchgesetzt. Der Chef des Oberkommandos der Wehrmacht (OKW), Wilhelm Keitel, rief den zuvor im Offizierskorps stets belächelten Gefreiten des Ersten Weltkriegs nun zum «Größten Feldherrn aller Zeiten» aus und signalisierte dem «Führer» damit die vollständige Ergebenheit der Wehrmachtsführung.

Trotz aller Begeisterung nach dem Sieg über Frankreich spielten aber soziale Fragen in der deutschen Bevölkerung auch während des Krieges eine große Rolle. Die Hauptsorge der Deutschen galt neben den Meldungen von der Front der Versorgung, denn die Erinnerungen an die Hungerwinter im Ersten Weltkrieg waren noch frisch. Ein Sopade-Berichterstatter gab im Januar 1940 die sarkastische Überzeugung wieder, «daß dieser Krieg nicht solange dauern werde wie der letzte, denn man habe ja jetzt schon nichts mehr zu fressen». Die bei Kriegsbeginn verordnete Rationierung der Grundnahrungsmittel, bald auch von Textilien und anderen Konsumgütern, führte daher zu deutlicher Beunruhigung. Das Versorgungsniveau über die gesamten Kriegsjahre nicht substantiell absinken zu lassen, gehörte zu den vorrangigen Besorgnissen der Regimeführung.

Gleich zu Kriegsbeginn hatte die Regierung auch Lohnkürzungen und Arbeitszeitverlängerungen verordnet. Auch dies zog erheblichen Unmut gerade in der Arbeiterschaft nach sich. Meldungen über «Bummelei» und zunehmende Unzufriedenheit häuften sich. Die Befürchtung, man könne auf diese Weise die Unterstützung oder doch wenigstens die Indifferenz der Arbeiterbevölkerung verlieren, veranlasste das Regime, die Kürzungen kurze Zeit später wieder zurückzunehmen. Auch auf eine durchgreifende Steuererhöhung verzichtete das Regime. Zwar wurde auf die Steuern ab dem 4. September 1939 ein Kriegszuschlag von 50 Prozent erhoben, aber nur für Jahreseinkommen von über 2400 Mark, und davon waren die unteren 60 Prozent der Bevölkerung nicht betroffen.

Da also die Löhne nicht sanken und die Steuern nicht stiegen, verfügten die Deutschen über viel Kaufkraft. Weil aber fast alles rationiert war, stieg die Sparquote steil an. Das Regime nutzte die riesigen Volumina der Spareinlagen der Bevölkerung zur Kriegsfinanzierung, 1941 allein mehr als 14 Milliarden Reichsmark. Diese Form der «geräuschlosen Kriegsfinanzierung» erwies sich für das Regime als außerordentlich vorteilhaft. So mussten weder die direkten Belastungen drastisch erhöht werden, noch wurde die Frage der Kriegsfinanzierung überhaupt zu einem öffentlichen Thema, denn dass die eigenen Ersparnisse direkt zur Kriegsfinanzierung verwendet wurden, war nur den wenigsten Deutschen bewusst. Vielmehr schien das stetige Anwachsen des Sparguthabens die Aussicht auf ein besseres Leben nach dem Kriege zu versprechen – sofern Deutschland siegreich blieb, und hier trafen sich die Interessen von Volk und Führung. Am Ende des Krieges war das Deutsche Reich mit 451,7 Mrd. Reichsmark verschuldet, und die Bürger mussten die Schulden bezahlen: Bei der Währungsreform von 1948 wurden die privaten Sparguthaben um 90 Prozent abgewertet und so die für die Kriegsfinanzierung aufgelaufenen Schulden des Staates liquidiert – die größte Enteignungsaktion in der Geschichte kapitalistischer Staaten.

Im Sommer 1940 stand Großbritannien nun allein gegen Deutschland. Zu einem «billigen Frieden», wie ihn sich Hitler vorstellte – für England das Empire, für Deutschland der Kontinent –, war es dennoch nicht bereit. Es war deshalb unklar, wie Deutschland weiter vorgehen sollte. Eine Landungsoperation auf der britischen Insel war militärisch außerordentlich riskant und wurde schließlich verworfen. Stattdessen sollte das Land zuvor durch schwere Luftangriffe geschwächt und die Moral der Bevölkerung gebrochen werden. Tatsächlich richteten die deutschen Luftangriffe auf die britischen Großstädte schwere Schäden an. Aber trotz gewaltiger Zerstörungen und mehr als 20 000 Toten waren weder die Moral noch die Rüstungsproduktion der Briten nennenswert in Mitleidenschaft gezogen worden. Und die von der deutschen Propaganda mit enormem Getöse angekündigte «Luftschlacht um England» endete mit einem Sieg der Briten, die nun ihrerseits mit Luftangriffen auf deutsche Städte begannen. Das Ziel der Deutschen, Großbritannien auf diese Weise in die Knie zu zwingen, wurde nicht erreicht.

Nun stand die deutsche Seite unter starkem Zeitdruck. Großbritannien musste besiegt sein, bevor die USA in den Krieg eintraten – womit man etwa für den Herbst 1941 rechnete. Es gab zwei Möglichkeiten: Entweder man versuchte, die Briten durch den Angriff auf ihre Stützpunkte im Mittelmeer, in Nordafrika, am Suezkanal und im Nahen Osten zu besiegen – das allerdings würde sehr lange dauern, und auch hier war der Sieg nicht sicher. Oder aber man griff die Sowjetunion an. Hier rechnete die deutsche Führung mit einem schnellen Sieg innerhalb weniger Monate. Anstelle einer vermutlich verlustreichen Landung in Großbritannien sollten auf diese Weise der britischen Führung die Hoffnungen auf eine weitere Fortsetzung des Krieges genommen werden. Das, so glaubte Hitler, würde auch die USA vom Kriegseintritt abhalten. Zwar bedeutete ein Angriff auf die Sowjetunion zu diesem Zeitpunkt einen Zweifrontenkrieg – den man angesichts der Erfahrungen im Ersten Weltkrieg doch unbedingt hatte vermeiden wollen. Aber ein Krieg gegen die Sowjetunion stand auch in Übereinstimmung mit den politischen

Grundüberzeugungen Hitlers, der den Kampf um «Lebensraum» im Osten, die Zerschlagung der Sowjetunion und die Beendigung der dortigen «Judenherrschaft» seit jeher als Kern seiner außenpolitischen Zielvorstellungen propagiert hatte. Am 18. Dezember 1940 befahl er schließlich die Vorbereitung des Angriffs: «Die deutsche Wehrmacht muss darauf vorbereitet sein, auch vor der Beendigung des Krieges gegen England Sowjetrußland in einem schnellen Feldzug niederzuwerfen (Fall Barbarossa).»

Das optimistische Kalkül der deutschen Führung, die Sowjetunion innerhalb kurzer Zeit zu besiegen, war nicht völlig abwegig. Nach der Ermordung eines Großteils der militärischen Führung durch Stalins Geheimpolizei 1937/38 und der deplorablen Niederlage der Sowjetunion gegen das viel kleinere Finnland im sogenannten «Winterkrieg» 1939/40 waren die meisten Militärbeobachter weltweit überzeugt, dass die Rote Armee den Deutschen nicht lange Widerstand werde entgegensetzen können. Zwar überschätzte die deutsche Führung ihre eigenen Möglichkeiten erheblich. Aber nach dem Sieg über Frankreich wähnten sich Hitler und die Wehrmacht unbesiegbar – kein Plan schien zu groß, kein Ziel zu phantastisch, kein Gegner zu mächtig.

Geplant war der Angriff für Mitte Mai 1941. Dass er sich erheblich verzögerte, war auf die Situation auf dem Balkan zurückzuführen. Im März 1941 wurde die deutschfreundliche Führung Jugoslawiens von nationalistischen serbischen Offizieren gestürzt, die eine westlich orientierte Regierung bildeten. Zudem waren die italienischen Truppen bei dem Versuch, Griechenland zu erobern (und so dem Ziel eines italienischen Mittelmeerimperiums näher zu kommen), am Widerstand griechischer und britischer Truppen gescheitert. Um während des geplanten Krieges gegen die Sowjetunion nicht von Süden her angegriffen zu werden, ließ Hitler die Wehrmacht in Jugoslawien und Griechenland einmarschieren. Dieser erneute Coup stärkte den Nimbus der unbesiegbaren Wehrmacht ein weiteres Mal. Allerdings mussten sich die deutschen Truppen fortan der an Stärke stetig zunehmenden Angriffe der jugoslawischen Partisanen erwehren, wodurch starke Kräfte gebunden wurden. Am Ende hatte der «Balkanfeldzug» den Angriff auf die Sowjetunion um etwa sechs Wochen verzögert und erhebliche Opfer an Menschen und Material gekostet.

Explosion der Gewalt

Der Krieg, so hatte sich rasch gezeigt, war das ureigenste Element des Nationalsozialismus. Die Abwägung von Interessen, die schwierige Organisation einer vielgestaltigen modernen Industriegesellschaft, die Verwaltung des Mangels, der Ausgleich von Widersprüchen – das alles schien nun obsolet. Fortan ging es nur noch um Sieg oder Niederlage, Triumph oder Untergang. Das vereinfachte alles und legitimierte alles. Ethische Normen, geschriebene Gesetze, internationale Verpflichtungen konnte man fortan ignorieren, wenn es nur dem Sieg diente.

Auch jenseits des Militärischen unterschied sich dieser Krieg von allen bisherigen. Schon vor dem Einmarsch in Polen hatte Hitler betont, es gehe gar nicht um Danzig: «Es handelt sich für uns um die Arrondierung des Lebensraums im Osten». Seine ursprünglich auf die Sowjetunion bezogene Idee vom deutschen Lebensraum hatte er nun auf Polen angewandt. Polen sollte ein landwirtschaftlich strukturiertes Nebenland, eine Kolonie Deutschlands mit vorwiegend bäuerlicher Bevölkerung werden: «Niederer Lebensstandard. Unser einziges Interesse, daß Dichte der Bevölkerung uns billige Arbeitskräfte liefert. Zusammengefaßt: ungeheuer harter, aber bewußter Volkstumskampf, der keine gesetzlichen Bindungen gestattet.» Der Krieg gegen Polen, erklärte er den Befehlshabern der Wehrmacht eine Woche vor Beginn der Kampfhandlungen, habe nicht allein militärische Ziele: «Vernichtung Polens im Vordergrund. Ziel ist die Beseitigung der lebendigen Kräfte, nicht die Erreichung einer bestimmten Linie. [...] Herz verschließen gegen Mitleid. Brutales Vorgehen. 80 Mill. Menschen müssen ihr Recht bekommen. Ihre

Existenz muß gesichert werden. Der Stärkere hat das Recht. Größte Härte.»

Speziell für solche Zielsetzungen waren kurz vor Kriegsbeginn Einsatzgruppen aus Gestapo, Kripo und SD, dem Sicherheitsdienst der SS, zusammengestellt worden. Sie wurden damit beauftragt, die politische und intellektuelle Führungsschicht Polens zu ermorden, vor allem Angehörige der Intelligenz, der politischen Führung sowie des höheren Klerus. Unmittelbar nach Kriegsbeginn begannen diese Kommandos in Zusammenarbeit mit Wehrmachtseinheiten und Aktivisten der deutschen Minderheit in Polen, der sogenannten «volksdeutschen Bewegung», mit Festnahmen und Erschießungen. Bis Ende Oktober 1939 wurden auf diese Weise etwa 20 000 polnische Zivilisten getötet. Zwar protestierten einige deutsche Offiziere gegen dieses Vorgehen, sie wurden aber von der Wehrmachtsführung nicht gedeckt und drangen nicht durch.

Anfang Oktober wurde das von Deutschland besetzte polnische Territorium in zwei etwa gleich große Teile geteilt. Die westlichen Regionen mit etwa zehn Millionen Einwohnern wurden als Reichsgaue Wartheland und Danzig-Westpreußen an das Reich angeschlossen, Ostoberschlesien wurde an die Provinz Schlesien, die Gebiete nördlich von Warschau der Provinz Ostpreußen angegliedert. Die andere, östliche Hälfte mit etwa zwölf Millionen Einwohnern wurde als «Generalgouvernement» unter deutsche Verwaltung gestellt; es sollte als reiner Agrarstaat vor allem Arbeitskräfte für den Einsatz im Reich stellen. Als «Generalgouverneur» wurde der Jurist Hans Frank eingesetzt, der die Zielsetzung seiner «Regierung» so beschrieb: «Maßgebend für die Regierungstätigkeit im Generalgouvernement sei der Wille des Führers, daß dieses Gebiet das erste Kolonialgebiet der deutschen Nation sei. Im Generalgouvernement habe der Standpunkt des Deutschtums zu gelten.»

Übergeordnetes Ziel der deutschen Politik war die «neue Ordnung der ethnographischen Verhältnisse» in dieser Region, wie Hitler am 6. Oktober 1939 vor dem Reichstag formuliert hatte. Mit der Sowjetunion war vereinbart worden, die deutschsprachigen Minderheiten aus den ostpolnischen Gebieten und dem Baltikum in die westpolnischen, ins Reich inkorporierten Gebiete umzusiedeln. Der überwiegende Teil der dort lebenden polnischen Bevölkerung sollte hingegen in das «Generalgouvernement» geschafft werden.

Mit der Umsetzung dieser Pläne hatte Hitler den Reichsführer-SS Himmler beauftragt und zum «Reichskommissar für die Festigung deutschen Volkstums» ernannt. Anfang Dezember 1940 begannen die ersten Zwangsumsiedlungen von mehr als 80 000 Polen ins Generalgouvernement. Das Ganze führte aber innerhalb kurzer Zeit zu einem solchen Chaos, dass die Deportationen zwischenzeitlich gestoppt werden mussten. Zugleich begannen die deutschen Dienststellen damit, die polnische Bevölkerung in den neuen Reichsgauen nach rassischen Kriterien auf ihre Eindeutschungsfähigkeit zu untersuchen und in «deutschblütige», «germanische», «gemischte» und «schlechtrassige» Menschen einzuteilen. Etwa einem Drittel von ihnen wurde nach der rassischen Siebung die deutsche Staatsbürgerschaft oder eine Anwartschaft darauf verliehen. Zwei Drittel galten als «nicht eindeutschungsfähig». Sie sollten ins Generalgouvernement abgeschoben oder als Zwangsarbeiter ins Reich geschickt werden.

Durch die Besetzung Polens waren den Deutschen mehr als zwei Millionen polnische Juden in die Hände gefallen, die größte jüdische Bevölkerungsgruppe in Europa. Dennoch gab es bei Kriegsbeginn keine konkreten Planungen, wie mit den Juden im eroberten Polen verfahren werden sollte. Tatsächlich wurden die polnischen Juden vom 1. September 1939 an diskriminiert und terrorisiert. Wehrmachtssoldaten und «Volksdeutsche» machten sich einen Spaß daraus, orthodoxe Juden zu verprügeln oder ihnen die Bärte abzuschneiden. Juden mussten ein besonderes Kennzeichen auf der Kleidung tragen, sie wurden zur Zwangsarbeit herangezogen, und ihr Eigentum wurde ihnen weggenommen. Bereits im Januar 1940 waren sie vollständig rechtlos.

Zudem sollten alle polnischen Juden aus den ins Reich eingegliederten polnischen Westgebieten ins Generalgouvernement umgesiedelt und dort konzentriert werden. Diese «Aussiedlungen» begannen im Januar 1940 und vollzogen sich ohne Rücksicht auf Witterung oder Verpflegung, und auch die Unterbringung der Juden im Generalgouvernement war ganz ungeklärt. Bis Ende 1940 wurden etwa 110 000 Personen deportiert, etwa ein Fünftel der jüdischen Bevölkerung dieser Gebiete. Alle Juden aus Westpolen umzusiedeln, erwies sich aber schon nach kurzer Zeit als undurchführbar. Die deutschen Besatzungsbehörden begannen deshalb damit, in allen größeren Städten im besetzten Polen abgesperrte Stadtbezirke einzurichten, in denen die Juden fortan zu leben hatten. In diesen Ghettos fehlte es bald an allem – an Lebensmitteln, Unterkünften und Arbeitsstellen ebenso wie an medizinischer und hygienischer Versorgung für Hunderttausende von Menschen. Hunger und Seuchen breiteten sich aus, Schwarzmarkt und Lebensmittelschmuggel waren die Folge. Das wiederum nahmen die deutschen Behörden zum Anlass, um weitere, noch schärfere Maßnahmen gegen die Juden zu ergreifen – denn die von ihnen selbst verursachten katastrophalen Zustände in den Ghettos bestätigten ihnen ja erneut, dass Juden eben Seuchen, Schleichhandel und Kriminalität mit sich brächten.

Die «Ghettoisierung» sollte allerdings nur eine Zwischenlösung sein, bis geklärt war, wohin die Juden schließlich deportiert und wo sie angesiedelt werden würden. Das erwies sich bald als ein eskalierender Faktor von großer Bedeutung. Denn die deutschen Behörden in den verschiedenen Regionen des besetzten Landes bemühten sich fortan darum, die Lebensverhältnisse in den «jüdischen Wohnbezirken» so schlecht wie möglich zu gestalten, um zu zeigen, dass die Unterbringung der Juden in Ghettos wegen der dort bestehenden «unhaltbaren Zustände» keine Dauerlösung sein konnte und ein anderer Weg gefunden werden musste, um die Juden loszuwerden – eine «Endlösung», wie sie bald genannt wurde, ohne dass aber schon klar war, wie die genau aussehen könnte.

Die deutsche Kriegsproduktion war derjenigen Großbritanniens inzwischen um mehr als das Dreifache überlegen und hatte ihre

Basis durch die nach dem deutsch-russischen Pakt von der Sowjetunion zugesagten Rohstofflieferungen sogar noch deutlich erweitert. Auf längere Sicht jedoch waren die Wirtschaftspotentiale und Ressourcen der Westmächte größer als die der Deutschen, und rechnete man die Potentiale der USA hinzu, sogar um ein Vielfaches. Einen langen Krieg konnte Deutschland daher vermutlich nicht durchhalten, dazu waren die Rohstoffvorräte zu gering, der Devisenmangel zu eklatant, die strukturelle Unterlegenheit zu eindeutig. Aber einen kurzen Krieg schon, wenn es gelang, alle Kräfte auf einmal einzusetzen und ein weiteres Mal alles auf eine Karte zu setzen. Darum musste es in Zukunft also vorrangig gehen.

Neben Devisenmangel und Rohstoffknappheit war das Defizit an Arbeitskräften das größte Problem der deutschen Kriegswirtschaft. Nachdem die Wehrmacht bei Kriegsbeginn etwa vier Millionen Mann zum Kriegsdienst einberufen hatte, wurden die fehlenden Arbeitskräfte regelrecht zur Existenzfrage. Die Zahl der in der Industrie tätigen Frauen deutlich zu erhöhen, war eine Option, hätte aber Dienstverpflichtungen notwendig gemacht. Allerdings hatte die Heranziehung von deutschen Frauen zur Industriearbeit im Ersten Weltkrieg erhebliche Unruhe in der Bevölkerung mit sich gebracht, und das wollte das NS-Regime unbedingt vermeiden.

Als Alternative bot sich der Zugriff auf ausländische Arbeitskräfte an. Gegen einen massenhaften Einsatz von ausländischen Arbeitern in Deutschland, zumal von Polen, gab es jedoch erhebliche Einwände, vor allem von Seiten der Partei: Deutscher Boden müsse von deutschstämmigen Menschen bewirtschaftet werden, hieß es in Stellungnahmen von Gauleitungen und Bauernführern, und die Gefahren einer «blutsmäßigen Vermischung» wurden in drohenden Tönen beschworen. Allerdings gab es angesichts der desolaten Lage auf dem Arbeitsmarkt keine realistischen Alternativen. Daher wurden die etwa 300 000 in deutsche Hand gefallenen polnischen Kriegsgefangenen nun sehr schnell vorwiegend in landwirtschaftlichen Betrieben eingesetzt, und im besetzten Polen begannen die deutschen Behörden damit, Arbeitskräfte für den «Reichseinsatz» in großem Stile zu rekrutieren – zunächst per Anwerbung, dann mit rasch schärfer werdenden Zwangsmaßnahmen. Bis zum April 1940 wurde auf diese Weise etwa eine halbe Million polnischer Arbeitskräfte ins Reich gebracht, die überwiegend in der Landwirtschaft arbeiten mussten – Männer wie Frauen, denn auf Anweisung der Behörden musste die Hälfte der rekrutierten Arbeitskräfte aus Polen weiblich sein, um auf diese Weise sexuellen Kontakten zwischen polnischen Männern und deutschen Frauen entgegenzuwirken.

Um die daraus erwachsenden «volkspolitischen Gefahren» einzudämmen, setzten die Behörden gegenüber den Polen ein umfangreiches System von repressiven Bestimmungen ein. Polen mussten in Barackenlagern wohnen (was sich auf dem Lande bald als undurchführbar erwies), sie mussten zusätzliche Steuern entrichten, mussten länger arbeiten als Deutsche, durften den deutschen Gottesdienst nicht besuchen und waren verpflichtet, an der Kleidung ein Abzeichen, das «Polen-P», zu tragen. Kontakt zu Deutschen außerhalb der Arbeit war verboten, geschlechtlicher Umgang polnischer Männer mit deutschen Frauen wurde mit öffentlicher Hinrichtung des beteiligten Polen geahndet – ein Maßnahmenkatalog, der in vieler Hinsicht präzedenzlos war, in Bezug auf Ausmaß und Härte aber an die während der Zwanzigerjahre in Westeuropa viel diskutierten Formen des Arbeitszwangs in afrikanischen Kolonien erinnerte. Für die deutschen Behörden erwies sich der «Poleneinsatz» insgesamt als durchaus erfolgreich: Es gelang ihnen, bis Ende 1940 etwa eine Million polnischer Arbeiter und Arbeiterinnen zur Zwangsarbeit nach Deutschland zu bringen und hier eine nach rassischen Kriterien hierarchisierte Zweiklassengesellschaft zu installieren.

Der Beginn des Krieges befreite das NS-Regime von bisher noch bestehenden Rücksichten und Widerständen. Was noch vor Jahren oder gar Monaten unmöglich, ja undenkbar schien, wurde nun praktiziert. In ganz besonderer Weise galt das für den ureigensten Bereich nationalsozialistischer Sozial- und Bevölkerungspolitik, die «Rassenhygiene». Schon in der Frühphase des Regimes hatte es Anläufe gegeben, oft aus der Ärzteschaft selbst, Erbkranke nicht nur sterilisieren zu lassen, wie dies 1933 bereits gesetzlich ermöglicht worden war, sondern unter Umständen auch zu töten. «Euthanasie», «Schöner Tod», war der hierfür erdachte Euphemismus. Auf solche Initiativen hatte Hitler zunächst ablehnend reagiert, aber angekündigt, die Frage im Falle eines Krieges aufzugreifen. Denn «wenn alle Welt auf den Gang der Kampfhandlungen schaut und der Wert des Menschenlebens ohnehin minder schwer wiegt», werde die «Befreiung des Volkes von der Last der Geisteskranken [...] glatter und leichter durchzuführen» sein.

Als der Krieg begann, wurde diese Ankündigung umgesetzt. Im Oktober 1939 unterschrieb Hitler den geheimen Führererlass, wonach unheilbar Kranken «bei kritischster Beurteilung ihres Krankheitszustandes der Gnadentod gewährt werden kann». Mit der Umsetzung dieses geheimen, auf den Tag des Kriegsbeginns rückdatierten Befehls wurde eine eigens gegründete Sonderbehörde beauftragt, die nach ihrem Sitz in der Berliner Tiergartenstraße 4 «Aktion T4» benannt wurde und nun damit begann, in den Anstalten vor allem nach Patienten mit den Diagnosen Schizophrenie, Epilepsie, Senilität, Paralyse, Lues-Erkrankungen, Schwachsinn und Enzephalitis zu forschen. Auch wurden alle Patienten, die mindestens fünf Jahre dauernd in einer Anstalt lebten, erfasst und ebenso alle dort als «kriminelle Geisteskranke» Verwahrten. Diese Kombination der Selektionskriterien Erblichkeit, Unheilbarkeit, Arbeitsunfähigkeit und «Asozialität» verdeutlichte die enge Verbindung von rassehygienischen und wirtschaftlichen Gesichtspunkten, die unter Begriffen wie «nutzlose Esser» oder «Ballastexistenzen» bereits in den Euthanasiediskussionen nach dem Ersten Weltkrieg zu finden war.

Die ausgesuchten Patienten wurden von einer Ärztegruppe untersucht und bei negativem Votum mithilfe zuvor errichteter Anlagen in Gaskammern umgebracht. Die meist nichts ahnenden Angehörigen erhielten eine Mitteilung über den Tod ihrer Verwandten sowie eine Urne mit Asche.

Damit war nicht nur eine weitere Stufe der Eskalation der Gewalt erreicht, sondern eine Grenze überschritten worden:

Der nationalsozialistische Staat hatte damit begonnen, Zehntausende seiner Bürger zu töten – ein in der Geschichte außerhalb von Bürgerkriegen bis dahin einzigartiger Vorgang. Bis zum August 1941 wurden insgesamt 70273 Behinderte im Rahmen der Aktion T4 ermordet. Angesichts dieser Größenordnung war es trotz Geheimhaltung und Umgehung der ordentlichen Behörden unvermeidbar, dass das Schicksal der «auf Transport» geschickten Patienten sowohl in den Anstalten wie auch in der Öffentlichkeit bekannt wurde. Viele der Opfer hatten zudem in Verbindung zu ihren Angehörigen gestanden, die nun Nachforschungen über deren Verbleiben anstellten. Dadurch entstand bald eine merkbare Unruhe in der Bevölkerung, die durch offenen Protest von Vertretern beider Kirchen verstärkt wurde – vor allem von dem Münsteraner Bischof von Galen, der am 3. August 1941 von der Kanzel herunter drohte, Anzeige wegen Mordes zu erstatten.

Daraufhin gab Hitler den mündlichen Befehl zur Einstellung der Aktion T4. Sein Kalkül, die Tötung von Geisteskranken sei während des Krieges leichter durchführbar, weil dann die öffentliche Aufmerksamkeit auf das Kriegsgeschehen konzentriert sei «und der Wert des Menschenlebens ohnehin minder schwer wiegt», hatte sich insofern als unzutreffend erwiesen. Allerdings fand der massenhafte Krankenmord eben in Deutschland und an Deutschen statt. Viele, nicht alle, Opfer hatten Verwandte und Fürsprecher und waren nicht, wie wenig später die Juden, vollständig isoliert und ausgegrenzt.

Wenngleich die Krankenmorde (vorübergehend) eingestellt wurden, waren sie mit dem 1941 einsetzenden Massenmord an den europäischen Juden eng verwoben. Denn die Erfahrungen der Aktion T4 mit der Massentötung durch Giftgas boten die technische Grundlage für die Errichtung der Gaskammern in den Vernichtungslagern, und die Manager des Krankenmordes wurden wenig später zu den Organisatoren des Judenmords. Mit der «Aktion T4» wurde der Übergang von einzelnen Mordtaten zum systematischen Massenmord erreicht.

Mit den Massenmorden und Deportationen in Polen, der «Ghettoisierung» der polnischen Juden, der Installierung des

Zwangsarbeitssystems in Deutschland und den zehntausenden Morden an deutschen Behinderten hatte das NS-Regime bereits unmittelbar nach Kriegsbeginn eine Stufe der Massengewalt erreicht, durch welche die Entwicklung in den Vorkriegsjahren nun als geradezu harmlos erschien und rückblickend auch im internationalen Maßstab nur mit der Entwicklung in der Sowjetunion vergleichbar ist. Dieser kategoriale Sprung der Gewalttätigkeit erklärt sich nicht allein als lineare Fortsetzung der seit 1933 bereits angelegten Potentiale in der NS-Diktatur. Hier wurde vielmehr deutlich, dass dieser Krieg als Fortsetzung des Ersten Weltkriegs verstanden wurde, der Millionen Menschenleben gekostet hatte und so die Dimensionen des eigenen Vorhabens definierte. Er bot zudem die Möglichkeit, nun mit einem Schlag auch diejenigen Herausforderungen anzugehen, mit denen in der Weltsicht des Nationalsozialismus die zentralen Probleme des Landes in den vergangenen Jahrzehnten verbunden gewesen waren: die Verschlechterung des biologischen Werts der Deutschen durch die Vermehrung der Erbkranken und die Bedrohung durch das Judentum. Und schließlich schien sich hier die Möglichkeit zu bieten, ein deutsches Kolonialimperium zu schaffen, das direkt vor der östlichen Haustür der Deutschen lag und ihnen die ersehnte Gleichrangigkeit mit den anderen Weltmächten – Großbritannien und den USA – sicherte. Angesichts solcher Perspektiven und Größenordnungen schienen Einwände gegen das errichtete Gewaltregime als geradezu kleinlich und der historischen Bedeutung der Aufgabe nicht angemessen. Dieser Schritt zur exzeptionellen und unbegrenzten Gewalt aber war bereits nach dem September 1939 getan worden, nicht erst im Sommer 1941 mit dem Beginn des Krieges gegen die Sowjetunion.

Barbarossa

Von allen Optionen, die sich für die deutsche Führung nach dem Scheitern des Luftkriegs gegen Großbritannien boten, war die Entscheidung für den «Russland-Feldzug» die riskanteste, nicht nur weil sie die eigenen Kräfte maßlos über- und den Gegner unterschätzte, sondern auch weil sie den extremen Zeitdruck, unter dem die deutsche Seite ohnehin stand, noch weiter zuspitzte. Die Rote Armee sollte nach den deutschen Planungen in drei Monaten geschlagen sein. Die Siegeszuversicht war so groß, dass es nicht einmal nötig schien, den Rüstungsschwerpunkt komplett auf den Krieg gegen die Sowjetunion umzustellen. Sollte der Krieg aber länger dauern, das war evident, wäre die gesamte deutsche Strategie hinfällig. Ein schneller Sieg mit allen Mitteln war deshalb die Maxime, ohne jede Rücksicht auf die Zivilbevölkerung oder auf völkerrechtliche Vereinbarungen. Zudem sollte mit der Sowjetunion nicht nur eine weitere europäische Großmacht besiegt, sondern ein feindliches politisches System vernichtet werden. Und da die Nationalsozialisten den Kommunismus als Werk der Juden ansahen, meinte «Vernichtung des Bolschewismus» von Beginn an auch «Vernichtung des Judentums». Die Ausschaltung der kleinen, jüdisch dominierten bolschewistischen Führungsschicht, so das Kalkül, würde ausreichen, um die Sowjetunion insgesamt zu Fall zu bringen.

Ziel der deutschen Führung war die Errichtung einer deutschen Kolonialherrschaft in den riesigen Gebieten Osteuropas. Wie viele seiner Untergebenen wurde auch Hitler nicht müde, auf die britische Herrschaft in Indien oder die Eroberung des amerikanischen Westens anzuspielen. Die sowjetische Bevölkerung solle wie indigene Kolonialvölker, wie «Ureinwohner als Indianer» behandelt werden. «Es handelt sich um einen Vernichtungskampf», erklärte Hitler am 30. März 1941 seinen Generälen. «Wir führen nicht Krieg, um den Feind zu konservieren. Vernichtung der bolschewistischen Kommissare und der kommunistischen Intelligenz. Das ist keine Frage der Kriegsgerichte. Der Kampf wird sich sehr unterscheiden vom Kampf im Westen.» Hitlers Ansprache war selbst für seine Verhältnisse von besonderer Brutalität geprägt. Aber es erhob sich kein Widerspruch; die Generalität trug diese Ausrichtung des Krieges mit.

Schon früh bestand in der deutschen Führung Einigkeit darüber, dass in der Sowjetunion wie zuvor in Polen die «Träger des feindlichen Widerstandsgedankens» umgebracht werden sollten. Darunter wurden hier allerdings vor allem die bolschewistischen Funktionäre verstanden, in Hitlers Worten «die jüdisch-bolschewistische Intelligenz». So erging am 6. Juni 1941 der Befehl, dass alle ergriffenen Politischen Kommissare der Roten Armee zu erschießen seien.

Die Sowjetunion sollte als koloniales Ergänzungsland dienen und vor allem Rohstoffe, landwirtschaftliche Güter und Erdöl liefern. Auf diese Weise sollten eine Einfuhrblockade wie im Ersten Weltkrieg und die Versorgung der Wehrmacht wie der deutschen Zivilbevölkerung sichergestellt werden. Setzte man diese Ziele um, konnte die sowjetische Bevölkerung nicht mehr im notwendigen Umfang mit Lebensmitteln versorgt werden. In einer Besprechung der an den kriegswirtschaftlichen Planungen beteiligten Ressorts und Wehrmachtsabteilungen am 2. Mai 1941 wurden diese Überlegungen zusammengefasst: «1.) Der Krieg ist nur weiter zu führen, wenn die gesamte Wehrmacht im 3. Kriegsjahr aus Rußland ernährt wird. 2.) Hierbei werden voraussichtlich zig Millionen Menschen verhungern, wenn von uns das für uns Notwendige aus dem Lande herausgeholt wird.» Drei Wochen später wurden diese Festlegungen in den «Wirtschaftspolitischen Richtlinien für Wirtschaftsorganisation Ost» erläutert: «Die Bevölkerung dieser Gebiete, insbesondere die Bevölkerung der Städte, wird größter Hungersnot entgegensehen müssen. (...) Viele 10 Millionen Menschen werden in diesem Gebiet überflüssig und werden sterben oder nach Sibirien auswandern müssen.» Den deutschen Landwirtschaftsführern, die für den Einsatz im sowjetischen Besatzungsgebiet vorgesehen waren, gab das Reichsernährungsministerium zwei Wochen vor Kriegsbeginn «12 Gebote» zur Kenntnis, in denen es über «den Russen» hieß: «Sein Magen ist dehnbar, daher kein falsches Mitleid!»

Dieser «Hungerplan» war die brutale Konsequenz des Krieges und stellte sich den Verantwortlichen als Sachzwang, ja als Notwehr dar. Er fand deutlichste Auswirkungen bei der Behandlung derjenigen Gruppen, die in der Hierarchie der deutschen Besatzungsmacht ganz unten standen: den Juden, den sowjetischen Kriegsgefangenen und den Bewohnern der «großrussischen» Städte. Hier wurde aus den Konzepten der Kriegswirtschaftsplaner schreckliche Praxis, als Millionen Menschen nicht ernährt wurden und starben.

Von der Nachricht über den Beginn des Krieges gegen die Sowjetunion im Juni 1941 wurden die meisten Deutschen völlig überrascht. Anders als schon im September 1939 und bei den anderen «Feldzügen» reagierten sie nicht nur mit Bestürzung und Angst, sondern mit Entsetzen. Nachdem man nach dem Einmarsch in Paris im Grunde schon an das Ende des Krieges geglaubt hatte, befürchteten nun selbst die ganz Hitlertreuen mindestens eine um Jahre verlängerte Dauer des Krieges. Sehr populär wurden jetzt die historischen Vergleiche mit Napoleons Niederlage in Russland. Und anders als bei den «Feldzügen» zuvor ebbte die sorgenvolle Stimmung auch nicht ab, als im Sommer 1941 die ersten großen Siege an der Ostfront gemeldet wurden. Das Frontgeschehen wurde nun noch aufmerksamer verfolgt, und die Sorge um die eigenen Angehörigen, die im Osten kämpften, rückte in den Mittelpunkt des Interesses.

Es gelang der Wehrmacht, mit einem Aufgebot von drei Millionen Soldaten einen völlig überraschten Gegner schnell zu erfassen und in großen Kesselschlachten zu vernichten. In den ersten fünf Wochen stürmten die deutschen Truppen in einem schier unaufhaltsamen Siegeszug nach Osten, erzielten riesige Geländegewinne, machten Hunderttausende von Gefangenen und erbeuteten enorme Mengen an Kriegsgerät.

Seit Anfang August aber begann die deutsche Offensive zu stocken. «Der Koloß Russland», erkannte der Chef des Generalstabs Franz Halder, ist «von uns unterschätzt worden.» Die Wehrmacht konzentrierte sich daraufhin auf den Süden der Sowjetunion, um das Industriegebiet im Donezbecken zu erobern und die landwirtschaftlichen Ressourcen der Ukraine ebenso wie die kaukasischen Ölfelder zu sichern. Ende Oktober beherrschten die Deutschen tatsächlich fast die gesamte Ukraine und konnten deren Industriepotential ebenso nutzen wie ihre Agrarproduktion. Nunmehr, so verkündete die deutsche Propaganda, stehe der Ostkrieg kurz vor seinem siegreichen Ende.

Allerdings waren die deutschen Verluste mittlerweile so hoch, dass kaum noch Ersatz zur Verfügung stand, während die Rote Armee erhebliche Reserven an die Westfront verlagern konnte. Der Anfang Oktober unternommene Versuch der Wehrmacht, Moskau einzunehmen und den Krieg dadurch siegreich zu beenden, scheiterte, vor allem wegen der hohen Verluste, der Probleme beim Nachschub und des frühen Wintereinbruchs. Am 3. Dezember wurden die Kampfhandlungen eingestellt. Bis dahin zählte die Wehrmacht fast eine Million Tote, Verwundete und Vermisste. Der deutsche Plan, die Rote Armee noch im Jahr 1941 in die Knie zu zwingen, war gescheitert. Eine Woche später, am 11. Dezember, traten die USA in den Krieg ein; aus dem europäischen war endgültig ein Weltkrieg geworden. Nun drohte den Deutschen eben jener Zweifrontenkrieg im Osten und im Westen, den sie nach den Erfahrungen des Ersten Weltkrieges unbedingt hatten vermeiden wollen. Hitlers Vabanquespiel war zu Ende.

Von Beginn an wurden die deutschen Truppen in den besetzten Gebieten «aus dem Lande» ernährt. Requirierungen, Einquartierungen, Plunderungen in großem Stil kennzeichneten das deutsche Vorgehen. Die Auswirkungen der deutschen Aushungerungspolitik auf die sowjetische Zivilbevölkerung waren katastrophal. Leningrad sollte nach dem Willen Hitlers nicht eingenommen, sondern vollkommen zerstört werden. Dabei sollte nicht nur die kommunistische Herrschaft, sondern auch die «großrussische» Bevölkerung der Vernichtung preisgegeben werden. Die Stadt wurde deshalb nicht erobert, sondern eingeschlossen, mit dem Ziel, die Bevölkerung der Stadt nach der zu erwartenden Kapitulation den Winter über ohne Versorgung sich selbst zu überlassen. Die deutsche Blockade der Stadt bestand bis zum Januar 1944. In dieser Zeit verhungerten mehr als 700 000 Einwohner Leningrads, die meisten innerhalb des ersten Jahres.

Beim weiteren Vorstoß nach Osten, dann nach Südosten, legte Göring als Verantwortlicher für die deutsche Kriegswirtschaft eine «Reihenfolge der Dringlichkeit der Nahrungsmittel-Versorgung in den besetzten Ostgebieten» fest: «a) Wehrmacht b) Heimat c) Zivilbevölkerung in den besetzten Ostgebieten d) Kriegsgefangene.» Die Lebensmittelrationen wurden daraufhin so niedrig festgesetzt, dass «Nichtarbeitende» sowie «Kinder und Juden» unterhalb der Hungergrenze lagen. Daraufhin begann vor allem in den großen Städten der besetzten Gebiete der Sowjetunion seit Oktober 1941 ein Massensterben. Die Gesamtzahl der Hungertoten unter der Zivilbevölkerung im Besatzungsgebiet ist kaum genau zu bestimmen, Schätzungen reichen von mehreren Hunderttausend bis in die Millionen, vor allem wenn man die mittelbaren Auswirkungen der Hungersnot berücksichtigt.

Die katastrophalsten Auswirkungen hatte die Aushungerungspolitik der deutschen Führung für die sowjetischen Kriegsgefangenen. Bereits Ende September begann ein Massensterben unter den Kriegsgefangenen, das alle bis dahin gekannten Größenordnungen überstieg und neben dem Judenmord als das größte und schrecklichste Verbrechen der Deutschen während des Zweiten Weltkriegs anzusehen ist. In einem Feldpostbrief an einen Kameraden beschrieb ein deutscher Gefreiter Ende Oktober 1941 seine täglichen Erfahrungen: «Wir haben von der Front über 100 000 Gefangene übernommen, wie es da zugeht, kannst Dir vorstellen. Wir haben alle Tage einen Abgang von zirka tausend Toten und am 18. auf 19.10. über 1700. Kannst Dir vorstellen, wie das zugeht. Ein Teil wird erschossen und die anderen sterben so.» Bis Ende Oktober waren etwa 600 000 sowjetische Kriegsgefangene in deutscher Hand gestorben. Im Februar 1942 waren von den etwa drei Millionen sowjetischen Gefangenen bereits etwa zwei Millionen tot oder nicht mehr arbeitsfähig. Bis Kriegsende kamen von den etwa 5,7 Millionen Rotarmisten, die in deutsche Gefangenschaft gerieten, 2,8 Millionen ums Leben.

Es war daher nicht überraschend, dass der Widerstand gegen die deutschen Eroberer rasch zunahm. Partisanengruppen bildeten sich, die die Wehrmachtseinheiten in den riesigen Gebieten im Hinterland angriffen. Der Kampf gegen die Partisanen wurde seit Oktober 1941 für die Wehrmacht zum Anlass für immer weiter ausgreifende Repressalien. Allein bis Ende Dezember wurden vermutlich mehr als 60 000 Menschen bei Anti-Partisanen-Aktionen getötet. In dem Maße jedoch, wie sie ihre blutige Unterdrückungspolitik verschärften, verloren die deutschen Truppen jede Zustimmung in der einheimischen Bevölkerung. Dabei hatten die Menschen in der Ukraine und im Baltikum die einrückende Wehrmacht zuvor häufig freundlich, zuweilen begeistert empfangen – froh darüber, der bolschewistischen Terrorherrschaft entkommen zu sein.

Trotz der Rückschläge an der Ostfront und des Eintritts der USA in den Krieg, der das rüstungswirtschaftliche Übergewicht der Alliierten so enorm verstärkte, führte das Deutsche Reich den Krieg noch mehr als drei Jahre lang fort. Das hatte mehrere Gründe. Vor allem gelang es den Deutschen, die deutsche Kriegswirtschaft rasch auf einen langen Abnutzungskrieg umzustellen, wobei der Ausbau von Serienfertigung und Massenproduktion sowie die Schaffung zentralisierter Strukturen im Vordergrund standen. Auf diese Weise wurde zwischen 1942 und 1944 eine Verdreifachung der deutschen Rüstungsfertigung erreicht. So konnte die Produktion von Flugzeugen bereits 1942 um 50 Prozent auf 15 000 erhöht werden. Allerdings bauten allein die USA pro Jahr 48 000 Flugzeuge, alle Alliierten zusammen mehr als 100 000.

Auch die Finanzierung des Krieges wurde weiterhin sichergestellt. Seit Kriegsbeginn war die Differenz zwischen Einnahmen und Ausgaben des Reiches immer weiter auseinander gegangen. Im Jahr 1939 waren die Gesamtausgaben des Reiches noch zu einem Drittel durch ordentliche Einnahmen gedeckt, 1943/44 waren es nur noch 15,3 Prozent, im letzten Kriegsjahr weniger als 10 Prozent. Aus diesem Grund wurden die Ressourcen der besetzten und der verbündeten Länder in verstärktem Maße zur Kriegsfinanzierung genutzt – von der Übernahme der militärischen Ausrüstung des besiegten Staates über die Nutzung der dort vorhandenen Rohstoffe bis zur Indienstnahme der einheimischen Industrie für die deutsche Rüstungsproduktion.

Dabei erwies sich die in Zusammenarbeit mit den einheimischen Verwaltungen vorgenommene Ausbeutung der west- und nordeuropäischen Länder insgesamt als einträglicher als die kolonialen Ausbeutungsformen im Osten. Vor allem Frankreich wurde zum bevorzugten Objekt der deutschen Wirtschaftsinteressen. Große Mengen an Rohstoffen wie Kupfer, Zinn, Nickel und Öl wurden von der Wehrmacht konfisziert, ebenso wie der überwiegende Teil der Lokomotiven und Waggons der französischen, belgischen und niederländischen Eisenbahngesellschaften. Zudem mussten die besetzten und auch einige der befreundeten Länder Besatzungskosten in erheblichem Umfang bezahlen. Allein aus Frankreich flossen bis Ende 1943 fast 25 Mrd. Reichsmark an das Reich.

Dass sich die Ausbeutung der Ostgebiete insgesamt als weniger lohnend erwies, lag vor allem daran, dass die Wirtschaft in Polen erst seit 1941 systematischer auf die deutschen Rüstungsinteressen ausgerichtet wurde, insbesondere die Kohle- und Ölförderung sowie die Rüstungsfertigung. In der Sowjetunion war das schwieriger. Zum einen hatte die Rote Armee bei ihrem Rückzug im Sommer 1941 Industrieanlagen und Infrastruktur weitflächig zerstört. Zum anderen war eine langfristige Indienstnahme der industriellen Anlagen der Sowjetunion im kriegswirtschaftlichen Konzept der Deutschen ursprünglich gar nicht vorgesehen. Erst seit 1942 wurden hier Rüstungsfabriken in systematischer Weise auf den deutschen Bedarf umgestellt. Da aber im Herbst 1942 bereits der deutsche Rückzug begann, waren solche Prozesse meist nur sehr kurzfristiger Natur.

Bedeutsamer war hingegen die durch die Umstellung auf einen langen Krieg unabdingbare Erweiterung des Arbeitskräftepotentials. Nach der Rekrutierung polnischer Arbeitskräfte im Frühjahr war im Sommer 1940 etwa eine Million französische Kriegsgefangene zum Arbeitseinsatz nach Deutschland gebracht worden, insgesamt arbeiteten im Sommer 1941 etwa drei Millionen Ausländer in Deutschland, mit den Schwerpunkten Bau- und Agrarwirtschaft. Seit Beginn des Krieges gegen die Sowjetunion wurden jedoch weitere zwei Millionen Deutsche zur Wehrmacht eingezogen. Der so hervorgerufene Mangel an Arbeitskräften, nun vor allem in der Industrie, wurde seit dem Herbst 1941 zum größten Problem der deutschen Wirtschaft und drohte, die Fortsetzung des Krieges zu gefährden. Unter diesem Druck wurde im November 1941 der zuvor von Hitler untersagte Arbeitseinsatz sowjetischer Kriegsgefangener im Reich angeordnet. Es waren jedoch nur noch wenige Gefangene am Leben, wie die Arbeitsverwaltung meldete: «Es standen 3,9 Millionen Russen zur Verfügung, davon sind nur noch 1,1 Millionen übrig. Allein vom November 41 bis Januar 42 sind 500 000 Russen gestorben. Die Zahl der gegenwärtig beschäftigten russischen Gefangenen (400 000) dürfte sich kaum erhöhen lassen.» Daraufhin wurde der massenhafte Einsatz von zivilen Arbeitskräften aus der Sowjetunion befohlen, und im Frühjahr 1942 begann eine riesige Rekrutierungskampagne in den besetzten Gebieten der Sowjetunion, durch die allein von April bis Ende November 1942 etwa 1,4 Millionen Zivilarbeiter, Männer und Frauen, zwangsweise nach Deutschland zur Arbeit gebracht wurden.

Innerhalb des Reiches waren mittlerweile tausende, bis 1944 schließlich etwa 30 000 Lager für ausländische Zwangsarbeiter eingerichtet worden. Dabei unterstanden die ausländischen Arbeiter je nach Nationalität und ethnischer Zugehörigkeit verschiedenen Vorschriften, die ihr Leben in Deutschland bis in Kleinigkeiten reglementierten. Jedoch lebten die Arbeitskräfte aus den besetzten Westgebieten und den sogenannten befreundeten Ländern unter erheblich besseren Bedingungen als die aus dem Osten. Vor allem die «Russen» wurden schlechter gestellt und standen in der Hierarchie der verschiedenen Zwangsarbeitergruppen an unterster Stelle. Im September 1944 befanden sich etwa 7,6 Millionen ausländische Arbeitskräfte im Reich: 5,7 Millionen Zivilarbeiter und knapp 2 Millionen Kriegsgefangene. Im September 1942 waren etwa 15, Mitte 1944 etwa 24 Prozent aller Beschäftigten im Reich ausländische Zivilarbeiter oder Kriegsgefangene. In den rüstungsintensiven Branchen lag der Anteil noch höher, zum Teil über 40 und 50 Prozent; bei den körperlich besonders anstrengenden Fertigungen bei 70 und 80 Prozent.

Insgesamt wurden Kriegswirtschaft und Kriegsfinanzierung seit Anfang 1942 in relativ kurzer Zeit und in erstaunlichem Umfang auf einen lang dauernden Krieg umgestellt und die dafür notwendigen Ressourcen mobilisiert. Dabei kam der intensivierten Ausbeutung der eroberten Länder Europas und der Heranziehung ausländischer Zwangsarbeiter in Millionenzahl entscheidende Bedeutung zu. Zwar veränderte sich das kriegswirtschaftliche Kräfteverhältnis immer weiter zugunsten der Alliierten. Es gelang den Deutschen aber, den Zuwachs des Rückstands zu begrenzen. Der Krieg konnte auf diese Weise von ihnen gewiss nicht mehr gewonnen, aber doch verlängert werden.

Vernichtungspolitik

In der Führung des NS-Regimes waren bereits seit Mitte der Dreißigerjahre Überlegungen angestellt worden, wie man sich der deutschen Juden entledigen könne. Einerseits wollte man sie mit immer schärferen Methoden zur Auswanderung zwingen, zugleich aber an ihr Vermögen kommen. Tatsächlich fand nur ein Teil der Juden aus Deutschland und Österreich Gelegenheit, in andere Länder auszuwandern, und seit Beginn des Krieges wurde dies nahezu aussichtslos. Infolge der deutschen Eroberungspolitik aber hatte sich die Zahl der Juden im deutschen Herrschaftsbereich bis zum Sommer 1941 auf mehr als drei Millionen vervielfacht. Daraufhin setzte in der deutschen Administration die Suche nach einer «Lösung der Judenfrage» ein, die alle Juden im deutsch beherrschten Europa einschloss.

In Polen war die antijüdische Politik der Deutschen in den ersten Monaten der Besatzung rasch verschärft und systematisiert worden: Auf Misshandlungen und Diskriminierung folgten die Zwangsarbeit, die massenhafte Deportation und die Einweisung in Ghettos. Nach den Siegen im Westen begann im Frühsommer 1940 auch in Frankreich und den Beneluxländern die Verfolgung der Juden. Sie verlief fast überall nach ähnlichem Muster und folgte der Entwicklung in Deutschland nach 1933, allerdings nur in einem Bruchteil der Zeit. Die Juden wurden zunächst erfasst und registriert, dann sukzessive zahlreichen Diskriminierungen und Schikanen ausgesetzt und gesellschaftlich isoliert. Dabei hatten die ausländischen Juden, darunter viele Flüchtlinge aus Deutschland und Österreich, in den westeuropäischen Ländern unter der Verfolgung besonders zu leiden, weil sie von den einheimischen Behörden nicht oder weniger geschützt wurden als die seit langem eingebürgerten Juden. Zugleich wurde die wirtschaftliche Drangsalierung verschärft, schließlich die Enteignung jüdischen Besitzes und Vermögens vollzogen, bis die Juden in bestimmten Wohngebieten und Lagern separiert wurden, meist organisiert über die Anordnung des Arbeitszwangs.

Für die noch im Reich lebenden deutschen Juden, unter ihnen sehr viele alte Menschen, wurde die Auswanderung nach Kriegsbeginn noch schwieriger. Nur noch etwa zwanzigtausend von ihnen gelang die Emigration. Die Zurückbleibenden sahen sich ständig verschärften Bestimmungen ausgesetzt: Viele wurden zur Zwangsarbeit herangezogen, mussten ihre Wohnungen verlassen und wurden in «Judenhäuser» eingewiesen. In Wien wurden die etwa 100 000 dort lebenden Juden in bestimmten Stadtteilen konzentriert.

In der deutschen Führung war indes weiterhin unklar, was mit den Juden im Reich, in Westeuropa und in Polen geschehen sollte. Das «Gesamtproblem der rund 3 ¼ Millionen Juden im deutschen Herrschaftsbereich», schrieb der Chef der Sicherheitspolizei und des SD Heydrich im Sommer 1940, könne nun «nicht mehr durch Auswanderung gelöst werden». Vielmehr müsse jetzt eine «territoriale Endlösung» gesucht werden.

Was darunter zu verstehen war, eröffnete sich nach dem Sieg über Frankreich. Himmler sprach nun von der «Möglichkeit einer großen Auswanderung sämtlicher Juden nach Afrika oder sonst in eine Kolonie», durch die man den «Begriff Jude völlig auslöschen» könne. Gemeint war vor allem die französische Kolonie Madagaskar, und das Auswärtige Amt arbeitete sogleich ein Konzept aus, wie viele Juden man jährlich dorthin umsiedeln könnte und wie viel Schiffstonnage man dazu benötigen würde. Allerdings war eine solche Massenumsiedlung per Schiff so lange nicht umsetzbar, wie die britische Seeherrschaft ungebrochen war. Nach dem abgebrochenen Krieg gegen Großbritannien wurde der Madagaskar-Plan daher nicht weiter verfolgt. Hier wurden aber bereits die Größenordnungen offenbar, in denen die deutschen Behörden dachten, zumal sie davon ausgingen, dass von den Millionen auf die Insel zu transportierenden Juden aufgrund der dort herrschenden klimatischen Bedingungen ein Großteil innerhalb kurzer Zeit zugrunde gehen werde.

Mit dem Beginn der Vorbereitungen auf den Krieg gegen die Sowjetunion schien aber ein neuer Zielort der Deportation der Juden gefunden. Mittlerweile gingen die Behörden von 5,8 Millionen Juden im «europäischen Wirtschaftsraum» aus. Da die deutsche Führung einen Sieg über die Sowjetunion innerhalb weniger Monate erwartete, setzte sich die Überlegung durch, dass man die Juden danach entweder in den Pripjetsümpfen östlich vom Generalgouvernement oder in den Lagern des sowjetischen Geheimdienstes NKWD in der Eismeerregion ansiedeln könne. Unzweifelhaft war, dass die meisten Juden angesichts der dortigen Lebensbedingungen innerhalb kurzer Zeit sterben würden. Man müsse also nur den Sieg über die Sowjetunion abwarten, dann werde die Frage, was mit den Juden zu geschehen habe, gelöst. Daraufhin wurden die Deportationen von Juden ins Generalgouvernement gestoppt.

Bereits in den ersten Tagen nach dem Einmarsch in die Sowjetunion hatten die Einsatzgruppen der Sicherheitspolizei und Einheiten der Waffen-SS, oft unterstützt von Wehrmachtsverbänden und einheimischen Nationalisten, damit begonnen, tausende von jüdischen Männern und kommunistischen Funktionären zu ermorden, wobei zwischen beiden Gruppen meist kein Unterschied gemacht wurde. Einen ersten Höhepunkt erreichten die Massenerschießungen am 7. Juli in Bialystok, wo ein Polizeibataillon aus Lübeck 3000 jüdische Männer ermordete. Hier stand die angenommene Verbindung zwischen Judentum und Bolschewismus noch im Vordergrund.

Seit einem Besuch Himmlers an der Ostfront Ende Juli 1941 wurde das Mordprogramm in der Sowjetunion erweitert, und «auch Frauen und Kinder» wurden nun getötet. Die vorrangige Begründung für den Mord war jetzt nicht mehr allein politischer Art, vielmehr wurden nun Lebensmittelknappheit und Arbeitsfähigkeit betont. «Unnütze Esser» sollten nicht länger ernährt, Arbeitsunfähige nicht durchgeschleppt werden. Erstmals wurde nun die jüdische Bevölkerung ganzer Landstriche vollständig getötet, sei es nach einem konkreten Anlass, sei es ohne einen solchen. Als die verbündeten ungarischen Einheiten damit begannen, Juden aus Nordungarn in die deutsch besetzte Ukraine abzuschieben, kamen mehrere SS- und Polizei-Einheiten in den Grenzort Kamenez-Podolsk und erschossen Ende August innerhalb von drei Tagen 23 600 Juden. Hier war der Übergang von selektiver Mordpolitik zu systematischem Massenmord bereits vollzogen.

In der ukrainischen Hauptstadt Kiew waren Ende September mehrere Bomben explodiert, die die zurückweichende Rote Armee dort hinterlassen hatte. Dadurch geriet ein großer Teil der Stadt in Brand und zahlreiche deutsche Soldaten wurden getötet. Wie üblich machten die kollaborationswilligen Teile der ukrainischen Bevölkerung die Juden für die Anschläge verantwortlich. Daraufhin begannen die Kommandeure der 6. Armee mit einer großangelegten «Vergeltungsmaßnahme». Alle Juden der Stadt mussten sich am Morgen des 29. September an einem Platz in der Stadt einfinden. Sie wurden dann an den Rand der Stadt zu einer Schlucht namens Babij Jar geführt. Dort mussten sie sich entkleiden, wurden in Gruppen am Rand der Schlucht aufgestellt und von den Angehörigen eines Sonderkommandos erschossen. In zwei Tagen, am 29. und 30. September 1941, wurden 33 771 jüdische Menschen auf diese Weise ermordet.

Insgesamt erschossen Einsatzgruppen, Waffen-SS, Polizei und Wehrmachtseinheiten zwischen Juni 1941 und März 1942 in den besetzten Gebieten der Sowjetunion mehr als 600 000 Juden. Der Prozess der Barbarisierung, der Verrohung und Enthemmung, der hier zu beobachten ist, war seit Beginn des Krieges gegen die Sowjetunion durch den sich aufbauenden Zeitdruck und die militärischen Misserfolge beschleunigt worden. Aber auch die problematische Versorgungslage, die Bedrohung durch den sowjetischen Widerstand und die Ineinssetzung von Juden und Kommunisten spielten hier eine Rolle. Darauf gründete sich die beständig erneuerte Überzeugung, dass man nur durch vollständige Rücksichtslosigkeit, durch noch härteres Vorgehen, durch die Ablösung von allen hemmenden und mildernden Überzeugungen und eingeübten Haltungen dieser Bedrohungen Herr werden könne. Das wirkte für die Tötungskommandos als legitimierender Schutzschild, wenn es nach all dem, was in den ersten Monaten des Krieges gegen die Sowjetunion bereits geschehen war, eines solchen noch bedurfte.

Und doch galt weiterhin die Maxime, dass nach dem bald zu erwartenden Sieg über die Rote Armee alle Juden in die Sowjetunion deportiert werden würden, um dort womöglich als Zwangsarbeiter verwendet zu werden. Das betraf zum einen die Juden in Polen – Frank erhielt nun von Hitler sogar die explizite Zusage, dass das Generalgouvernement nur als Durchgangslager der Juden und nicht als ständiger Aufenthaltsort fungieren würde. Das betraf aber auch die Juden in Deutschland. Mitte September 1941 entschied Hitler, dass anders als zunächst geplant auch die deutschen Juden, die seit dem 1. September durch einen gelben Stern an der Kleidung gekennzeichnet worden waren, nicht erst nach dem Krieg in den Osten deportiert werden sollten, sondern sofort.

Spätestens seit Mitte Oktober 1941 wurde jedoch deutlich, dass mit einem raschen deutschen Sieg über die Rote Armee nicht mehr gerechnet werden konnte. Von den Eismeerlagern in Russland war jetzt keine Rede mehr. Damit war aber auch die ins Auge gefasste Aussiedlung der polnischen oder gar aller europäischen Juden nach Nordrussland keine realistische Perspektive mehr. Daraufhin begannen auch in Polen erste Massenexekutionen. In Stanislau, einem Ort nahe der ungarischen Grenze in Ostgalizien gelegen, das bis 1941 zum Territorium der Sowjetunion gehört hatte, sollte im Oktober ein Ghetto eingerichtet werden. Für die sich in der Stadt aufhaltenden Juden erschien das dafür vorgesehene Stadtviertel jedoch zu klein. Die deutschen Verantwortlichen des Ortes beschlossen daher, die Zahl der Juden durch eine Erschießungsaktion zu dezimieren. Am 6. und 12. Oktober 1941 wurden am Stadtrand etwa 11 000 Juden erschossen.

In diesen Wochen, im Oktober und November 1941, erschossen Einsatzgruppen, Waffen-SS und Einheiten der Ordnungspolizei Hunderttausende von sowjetischen und polnischen Juden. Zur gleichen Zeit starben ebenfalls Hunderttausende sowjetischer Kriegsgefangener in den Stamm- und Durchgangslagern der Wehrmacht. In Leningrad und vielen anderen Regionen im Osten wurde die Zivilbevölkerung ausgehungert, ebenfalls mit sechsstelligen Todeszahlen. Im Generalgouvernement und im Warthegau nahm die Zahl der Toten in den Ghettos wöchentlich zu. Insgesamt wurden in den sechs Monaten zwischen Juni und Dezember 1941 in Polen und der Sowjetunion mehr als 1,5 Millionen Menschen von deutschen Einheiten außerhalb von Kampfhandlungen umgebracht oder starben an Hunger.

Angesichts dieser Situation – und angesichts der rapide steigenden Verlustzahlen an der Ostfront, die für die deutsche Führung ganz besonderes Gewicht besaßen – war es offensichtlich kein so grundsätzlicher Einschnitt mehr, die Juden im deutschen Herrschaftsbereich nicht wie zuvor gedacht in sibirische Lager zu verschleppen, um sie dort umkommen zu lassen, sondern sie sofort zu töten. Massenerschießungen wie in der Sowjetunion waren jedoch angesichts der Zahl der im deutschen Machtbereich befindlichen Juden keine probate Alternative, zumal immer wieder Kritik an der starken nervlichen Belastung für die Mitglieder der Tötungskommandos laut geworden war.

In der deutschen Führung entschied man sich daher für eine

andere Methode, die bereits zuvor bei den Behindertenmorden in Deutschland angewandt worden war. Anfang November wurde mit dem Bau von festen Vernichtungsstationen begonnen, mit denen in kurzer Zeit sehr viele Menschen ums Leben gebracht werden konnten. Die erste wurde in Belzec in der Nähe von Lublin errichtet, wohin auch die Spezialisten der Aktion T 4 kamen, die nach dem Abbruch des «Euthanasie»-Programms nun für den «Osteinsatz» frei waren; eine weitere Vernichtungsstation wurde in Chelmno/Kulmhof bei Lodz erstellt. An beiden Orten sollten Juden mit den Methoden der Aktion T 4, also durch Erstickung mit Gas, getötet werden.

Die einzelnen Absprachen und Entscheidungen Hitlers sowie der Verantwortlichen vor Ort standen unter strenger Geheimhaltung. Hitler selbst aber äußerte sich dazu in diesen Tagen mehrfach ausführlich. Am 25. Oktober bemerkte er gegenüber Heydrich und Himmler: «Diese Verbrecherrasse hat die zwei Millionen Toten des Weltkriegs auf dem Gewissen, jetzt wieder Hunderttausend. Sage mir keiner: Wir können sie nicht in den Morast schicken! Wer kümmert sich denn um unsere Menschen? Es ist gut, wenn uns der Schrecken vorangeht, dass wir das Judentum ausrotten.» Und der Parteiideologe Alfred Rosenberg bemerkte am 18. November 1941 in einer Rede vor Journalisten: «Im Osten leben noch etwa sechs Millionen Juden, und diese Frage kann nur gelöst werden in einer biologischen Ausmerzung des gesamten Judentums in Europa.»

Am 12. Dezember, dem Tag nach dem Kriegseintritt der USA, sprach Hitler vor Reichs- und Gauleitern der NSDAP und wurde dabei, wie Goebbels notierte, ungewöhnlich explizit: «Bezüglich der Judenfrage ist der Führer entschlossen, reinen Tisch zu machen. Er hat den Juden prophezeit, daß, wenn sie noch einmal einen Weltkrieg herbeiführen, sie dabei ihre Vernichtung erleben würden. Das ist keine Phrase gewesen. Der Weltkrieg ist da, die Vernichtung des Judentums muß die notwendige Folge sein. Diese Frage ist ohne jede Sentimentalität zu betrachten. Wir sind nicht dazu da, Mitleid mit den Juden, sondern nur Mitleid mit unserem deutschen Volk zu haben. Wenn das deutsche Volk jetzt wieder im Ostfeldzug an die 160 000 Tote geopfert hat, so werden die Urheber dieses blutigen Konflikts dafür mit ihrem Leben bezahlen müssen.»

Über diese Rede Hitlers und die daraus zu ziehenden Schlussfolgerungen berichtete Hans Frank nach seiner Rückkehr aus Berlin seinen Regierungsbeamten in Krakau: «Aber was soll mit den Juden geschehen? Glauben Sie, man wird sie im Ostland in Siedlungsdörfern unterbringen? Man hat uns in Berlin gesagt: weshalb macht ihr uns diese Scherereien; wir können im Ostland oder im Reichskommissariat auch nichts mit ihnen anfangen, liquidiert sie selber! Die Juden sind auch für uns ungewöhnlich schädliche Fresser. Diese 3,5 Millionen Juden können wir nicht erschießen, wir können sie nicht vergiften, werden aber doch Eingriffe vornehmen können, die irgendwie zu einem Vernichtungserfolg führen, und zwar im Zusammenhang mit den vom Reich her zu besprechenden Maßnahmen.»

Die Phase der entscheidenden Beschlüsse über das Schicksal der Juden kann man recht genau auf die Zeit zwischen Ende Oktober und Ende November 1941 eingrenzen. Am Ende dieser Phase, am 29. November, verschickte der für die «Judenfragen» zuständige Referent im Reichssicherheitshauptamt, der Zentrale von Sicherheitspolizei und SD, im Auftrag Heydrichs eine Einladung an alle mit dieser Frage beschäftigten Reichsbehörden zu einer Koordinationskonferenz am 9. Dezember. Sie wurde dann wegen des Kriegseintritts der USA um sechs Wochen verschoben und fand am 20. Januar 1942 in Berlin in einer Villa am Wannsee statt. Sie diente vorrangig drei Zielen: Erstens sollten die neue Linie den beteiligten Ressorts mitgeteilt und die daraus folgenden Schritte koordiniert werden: Deportation der polnischen und der westeuropäischen Juden nicht erst nach dem Krieg, sondern sofort, und nicht mehr nach Nordrussland, sondern in die neu geschaffenen Vernichtungsstationen im Generalgouvernement. Zweitens wollte das Reichssicherheitshauptamt gegenüber den anderen Reichsbehörden sicherstellen, dass es in dieser Sache die Federführung innehatte. Und drittens sollte bei dem Zusammentreffen auch die schon seit langem umstrittene Frage der «Halbjuden» und der in sogenannter Mischehe lebenden deutschen Juden geklärt werden.

In diesem Konzept spielte die Heranziehung der Juden zum Arbeitseinsatz eine wichtige Rolle. In dem Protokoll der Konferenz hieß es dazu: «Unter entsprechender Leitung sollen nun im Zuge der Endlösung die Juden in geeigneter Weise im Osten zum Arbeitseinsatz kommen. In großen Arbeitskolonnen, unter Trennung der Geschlechter, werden die arbeitsfähigen Juden straßenbauend in diese Gebiete geführt, wobei zweifellos ein Großteil durch natürliche Verminderung ausfallen wird. Der allfällig verbleibende Restbestand wird, da es sich bei diesem zweifellos um den widerstandsfähigsten Teil handelt, entsprechend behandelt werden müssen, da dieser, eine natürliche Auslese darstellend, bei Freilassung als Keimzelle eines neuen jüdischen Aufbaues anzusprechen ist.» Der «Arbeitseinsatz» war also kein Tarnbegriff. Tatsächlich war geplant, die arbeitsfähigen Juden zur Zwangsarbeit einzusetzen. Sollten die Kräftigsten unter ihnen die Strapazen aber überleben, sollten sie ebenfalls getötet werden. Der Arbeitseinsatz war also nur ein Umweg zum Tode.

Während in den besetzten Gebieten der Sowjetunion die Einsatzgruppen mit der Massenerschießung der Juden fortfuhren, begannen die deutschen Behörden in allen anderen besetzten Gebieten damit, die Deportation der Juden vorzubereiten, während in Polen weitere Vernichtungsstationen gebaut wurden. Für das Deutsche Reich und das Protektorat Böhmen und Mähren hatte Hitler bereits im Oktober 1941 erste Deportationen angeordnet. 19 000 Juden aus dem Reichsgebiet und aus Prag wurden daraufhin nach Lodz verbracht, am 8. November fuhr ein erster Transport nach Minsk. Um für die deutschen Juden Platz zu schaffen, waren dort zuvor weißrussische Juden erschossen worden. Einige Wochen später wurden deutsche Juden nach ihrer Ankunft nicht mehr einquartiert, sondern sofort getötet, so am 29. November im litauischen Kaunas und einen Tag später in Riga.

In Polen hatten die Behörden des Generalgouvernements bereits Mitte März 1942 damit begonnen, die ersten Ghettos zu räumen. Dazu wurde ein Registrierungssystem der dort lebenden Juden entwickelt – mit den Einteilungen «kriegswichtig», «arbeitsfähig», «arbeitsunfähig». Die als «arbeitsunfähig» Eingestuften wurden mit Güterzügen zur nächstgelegenen Vernichtungsstation nach Belzec, Sobibór oder Treblinka gebracht und dort getötet. Diese erste Deportationswelle von Mitte März bis Mitte Juli 1942 kostete etwa 110 000 Menschen das Leben. Am 19. Juli 1942 erteilte Himmler die Anweisung, bis Ende dieses Jahres alle im Generalgouvernement lebenden Juden umzubringen. Daraufhin begann die systematische Ermordung aller polnischen Juden. Von den mehr als drei Millionen polnischen Juden überlebten weniger als 100 000 das Ende des Krieges.

In den westeuropäischen Ländern wurden die Juden seit dem Frühjahr 1942 sukzessive in Durchgangslager verbracht, wo sie auf ihren Abtransport in den Osten zu warten hatten. Am 22. Juni 1942 ging aus Drancy, dem Durchgangslager bei Paris, ein erster Zug nach dem Osten ab; am 25. Juni 1942 ein weiterer. In den Niederlanden verließ der erste Zug am 15. Juli 1942 das Lager Westerbork. In Belgien fuhr der erste Transport am 4. August 1942 von Mechelen nach Osten, genauer: nach Auschwitz, einer Stadt in Ostoberschlesien, wo an das Konzentrationslager eine Vernichtungsstation angegliedert war.

Dorthin wurden die meisten aus Mittel- und Westeuropa stammenden Juden transportiert. Bereits im Frühjahr 1942 waren die ersten Transporte mit Juden aus Ostoberschlesien und der Slowakei hier angekommen. Im Sommer begannen die Transporte aus Deutschland und Österreich, dann aus den westeuropäischen Staaten, aus Rumänien, Norwegen und Kroatien; später aus Bulgarien, Ungarn und Griechenland. Noch auf der Bahnhofsrampe wurden die ankommenden Juden auf ihre Arbeitsfähigkeit überprüft. Die Arbeitsfähigen wurden danach in das Lager eingewiesen und zur Zwangsarbeit herangezogen. Die Mehrheit aber – die meisten Frauen, alle Alten, alle Kinder – wurde sofort in die Gaskammern geschickt und dort getötet. Bis Ende 1943 wurden hier etwa 840 000 Juden ermordet.

Die Juden waren die größte, aber nicht die einzige Gruppe, die der nationalsozialistischen Vernichtungspolitik zum Opfer fiel. Dabei war das Schicksal der Sinti und Roma demjenigen der Juden in Vielem ähnlich. Nach Beginn des Krieges gegen die

Sowjetunion töteten Wehrmachtseinheiten und Einsatzgruppen aufgefundene «Zigeuner» in großer Zahl. Am 16. Dezember 1942 schließlich ordnete Himmler an, alle Sinti und Roma als «Zigeuner» in das Konzentrationslager Auschwitz-Birkenau zu deportieren, wo ein eigenes «Zigeunerlager» errichtet wurde. Bis zum Sommer 1944, als das Lager geschlossen wurde, waren von den 22 600 Insassen 19 300 gestorben. Insgesamt wurden in der Sowjetunion und im Generalgouvernement vermutlich mehr «Zigeuner» von deutschen Verbänden erschossen als in den Konzentrationslagern umgebracht. Bis 1945 kamen im deutschen Herrschaftsbereich mindestens 200 000 Sinti und Roma gewaltsam ums Leben.

Anfang 1944 war nur noch eine große jüdische Gemeinschaft weitgehend unangetastet geblieben, nämlich diejenige in Ungarn. Um zu verhindern, dass Ungarn wie zuvor Italien das Bündnis mit Deutschland verließ, marschierten am 19. März 1944 deutsche Truppen in dem Land ein, und sogleich begann auch der Leiter des «Judenreferats» im Reichssicherheitshauptamt, Adolf Eichmann, mit seinen Mitarbeitern mit der Vorbereitung der Deportation der Juden. Zwei Monate später, am 14. Mai 1944, fuhr der erste Zug nach Auschwitz ab. In den folgenden Wochen wurden täglich etwa 12 000 Juden dorthin deportiert, insgesamt bis Mitte Juli 438 000, 320 000 von ihnen wurden nach Ankunft sofort mit Gas getötet.

Insgesamt liegt die Zahl der während des Krieges gewaltsam umgekommenen Juden bei etwa 5,7 Millionen. Eine Gesamtbilanz der deutschen Vernichtungspolitik im Zweiten Weltkrieg ist nach wie vor nicht mit vollständiger Genauigkeit zu ziehen. Zu den 5,7 Millionen Juden und den etwa 200 000 Sinti und Roma sind mindestens eine Million nichtjüdische polnische Zivilisten hinzuzurechnen, etwa 2,8 Millionen sowjetische Kriegsgefangene, etwa drei bis vier Millionen sowjetische Zivilpersonen sowie etwa eine halbe Million nichtjüdische Zivilisten in den anderen von Deutschland besetzten Ländern sowie in Deutschland selbst. Insgesamt ist also von einer Größenordnung von 12 bis 14 Millionen außerhalb von Kampfhandlungen im deutschen Machtbereich umgekommenen Zivilisten auszugehen.

Krieg und Besatzung

Im März 1942 begann die Wehrmacht an der Ostfront ihre zweite Offensive. Sie zielte auf die Ukraine, auf das an der Wolga gelegene Rüstungszentrum Stalingrad sowie den Kaukasus, um die dortigen Ölfelder einzunehmen. Erneut ging die militärische Führung große Risiken ein, denn die Wehrmacht verfügte kaum noch über Reserven, und zu einem dritten Kraftakt dieser Größenordnung war sie nicht mehr in der Lage. Es gelang den deutschen Truppen aber bis Ende August 1942, mehr als 1000 Kilometer weit nach Süden vorzustoßen, Rostow und die Ostküste des Schwarzen Meeres einzunehmen. Im Sommer 1942 erreichte der deutsche Herrschaftsbereich seine größte Ausdehnung.

Trotz dieser Siege war die Lage der Deutschen prekär. Die Truppen waren stark dezimiert, die Nachschubwege völlig überdehnt, Reserven kaum vorhanden. Ende August 1942 kam der deutsche Vormarsch überall zum Stehen. Vom Herbst 1942 bis zum Herbst 1943 vollzog sich die Wende des Krieges, und das Gesetz des Handelns ging in die Hände der Alliierten über. Seither war die Wehrmacht auf dem Rückzug. Aber es dauerte noch eineinhalb Jahre, bis das nationalsozialistische Deutsche Reich unterging.

Die monatelangen Kämpfe um die Stadt Stalingrad wurden zum Symbol der Kriegswende; im Januar 1943 wurde die deutsche 6. Armee hier eingeschlossen und schließlich vernichtet – 100 000 Mann waren auf deutscher Seite gefallen, fast ebenso viele gingen in Kriegsgefangenschaft. Nun ging es Schlag auf Schlag: Seit Ende 1942 begannen die britischen Luftangriffe der «Battle of the Ruhr» deutliche Wirkung zu zeigen und die deutsche Rüstungsindustrie zu zermürben. Im Mai 1943 kapitulierten die deutschen Truppen in Nordafrika, am 14. Juli 1943 landeten die Alliierten in Sizilien. Zehn Tage später, am 25. Juli, wurde der italienische Diktator Mussolini gestürzt. Am 3. September 1943 kapitulierte Italien, und die Alliierten rückten weit ins italienische Festland vor. Nördlich von Neapel wurden sie aufgehalten, und die Fronten erstarrten für ein Dreivierteljahr.

Das strategische Momentum lag nun eindeutig auf Seiten der Alliierten. Aber immer noch war der Krieg nicht entschieden. Im Juli 1943 versuchte die Wehrmacht mit einer erneuten Sommeroffensive die Rote Armee doch noch niederzuringen. Bei der Schlacht am Kursker Bogen, der größten Panzerschlacht der Geschichte, wurden die deutschen Verbände aber geschlagen, und mit Beginn der sowjetischen Offensive am 17. Juli 1943 setzte nun jener stete Rückzug der deutschen Verbände ein, der sich – mit Stockungen und unter erheblichen Verlusten – fast zwei Jahre lang hinzog, bis zur Schlacht um Berlin im April 1945.

Bei ihrem Rückzug nach Westen zerstörten die deutschen Verbände die gesamte Infrastruktur und Tausende von Ortschaften in der Sowjetunion. Zudem führten sie Teile der Zivilbevölkerung zwangsweise mit sich, vermutlich mehr als eine Million Menschen. Hier spielten verschiedene Motive eine Rolle: Zerstörungsrausch, militärisches Zweckdenken, aber auch ideologisch motivierter Vernichtungswille, wie ihn Himmler im April 1943 explizit formuliert hatte: «Wie nehmen wir dem Russen am meisten – tot oder lebendig – Menschen weg? Wir tun das, indem wir sie totschlagen oder indem wir sie in die Gefangenschaft bringen und wirklich der Arbeit zuführen, indem wir uns bemühen, ein Gebiet, das wir einnehmen, möglichst in die Hand zu bekommen, und indem wir ein Gebiet, das wir abstoßen, einen Raum, den wir dem Gegner zuschieben, menschenleer zurücklassen.» Bis zum März 1944 wurden die deutschen Truppen bis an die östliche Vorkriegsgrenze Polens zurückgetrieben und verloren dabei einen Großteil ihrer Mannschaften.

Zwischen April und Dezember 1944 trieben die Alliierten die deutschen Truppen bis fast an die Reichsgrenzen zurück. Dabei markierte die Landung der Westalliierten in der Normandie am 6. Juni sichtbar den Anfang vom Ende der deutschen Herrschaft in Westeuropa. Bis Ende Juni hatten die Briten und Amerikaner bereits 1,5 Millionen Mann nach Frankreich gebracht; innerhalb von nur fünf Monaten befreiten sie Frankreich, Belgien und Luxemburg sowie Italien bis in die Höhe von Florenz.

Ebenfalls im Juni 1944 begannen die sowjetischen Truppen ihre Sommeroffensive («Bagration»). Sie führte zum Zusammenbruch der deutschen Heeresgruppe Mitte in Weißrussland und markierte die schwerste deutsche Niederlage während des gesamten Krieges, bei der die Hauptmacht der deutschen Streitkräfte zerrieben wurde. Bereits im Oktober 1944 erreichten die sowjetischen Truppen die deutsche Grenze in Ostpreußen. Im Januar begann dann der Sturm auf Berlin.

Die deutsche Besatzungspolitik war in den einzelnen Ländern in Europa sehr unterschiedlich, und sie folgte auch keiner Systematik. Ein Teil der besetzten Gebiete wurde von der Wehrmacht regiert, so vor allem Belgien, Nordfrankreich und Serbien. In anderen Ländern herrschte die Partei, so in den verschiedenen Regionen der Sowjetunion, im Generalgouvernement oder auch in den Niederlanden. Gemeinsam war in allen Regionen die Orientierung auf drei übergeordnete Ziele: militärische und polizeiliche Sicherung des Gebiets, wirtschaftliche Ausnutzung und Deportation der Juden. Nicht angestrebt wurde hingegen die Herrschaft einer dem Nationalsozialismus verwandten Bewegung oder Partei. Hitler ließ selbst nie einen Zweifel daran, dass die deutsche Herrschaft in diesen Ländern ausschließlich auf der militärischen Stärke beruhte.

Für Polen lehnte Hitler die Beteiligung von Einheimischen an der Verwaltung ab. Allerdings konnten die Deutschen auf die Mithilfe der einheimischen Behörden nicht völlig verzichten, sodass sich ein polnischer «Hauptausschuss» bilden konnte, der die polnische Bevölkerung notdürftig zu versorgen versuchte. Im Wesentlichen aber wurde das Land von zahlreichen deutschen Besatzungsinstanzen verwaltet, die hier miteinander, oft auch gegeneinander agierten: die Wehrmacht, die Regierung des Generalgouvernements, Vertreter der Berliner Ministerien und Parteidienststellen, Beauftragte des Vierjahresplans, der Deutschen Arbeitsfront, der Organisation Todt, zahlreicher Wirtschaftsverbände und Industrieunternehmen – und vor allem die SS, deren Einfluss hier beständig wuchs.

Wirtschaftlich war das Land zweigeteilt. Bei den annektierten Regionen Westpolens handelte es sich um die industriell und landwirtschaftlich am meisten entwickelten Gebiete. Hier waren 80 Prozent der polnischen Industriebetriebe konzentriert, auch der weit überwiegende Teil der landwirtschaftlichen Erzeugnisse wurde hier produziert. Das «Generalgouvernement» hingegen sollte entindustrialisiert werden, Arbeitskräfte liefern und Platz für deutsche Ansiedler bieten. Bald stellte sich aber heraus, dass das Generalgouvernement dann vom Reich in großem Stil bezuschusst werden müsste, sodass die Zahl der produzierenden Betriebe, vor allem der Rüstungsindustrie, bald wieder anstieg.

Alle Devisen- und Goldbestände wurden beschlagnahmt, zudem musste das Generalgouvernement erhebliche jährliche Geldzahlungen leisten – bis Kriegsende etwa 5,5 Mrd. Reichsmark. Pressehäuser und Rundfunkstationen wurden geschlossen; ebenso alle Universitäten und Oberschulen. Polen und Juden durften nicht mehr studieren; die Professoren und wissenschaftlichen Mitarbeiter wurden verfolgt. Ein erheblicher Teil der in Polen aufgefundenen Kulturgüter wurde geplündert, Bibliotheken und Archive wurden zerstört. Ein Großteil der polnischen Intelligenz war bei Kriegsbeginn ermordet oder in Konzentrationslager eingewiesen worden. Eine neue polnische Führungsschicht sollte nicht mehr entstehen, legte Himmler fest: «Für nichtdeutsche Bevölkerung des Ostens darf es keine höhere Schule geben als die vierklassige Volksschule. Das Ziel dieser Volksschule hat lediglich zu sein: Einfaches Rechnen bis höchstens 500, Schreiben des Namens, [...] Lesen halte ich nicht für erforderlich.»

Auch in den besetzten Gebieten der Sowjetunion verzichteten die Deutschen auf eine einheimische Verwaltung oberhalb der kommunalen Ebene. Wie in Polen war hier das deutsche Interesse vor allem auf die Errichtung eines kolonialen Hinterlands gerichtet, aus dem die indigene Bevölkerung mehrheitlich vertrieben und in dem deutsche Familien angesiedelt werden konnten. Für die deutsche Herrschaft im Baltikum, in Weißrussland und der Ukraine wurde im Sommer 1941 ein eigenes Ministerium eingerichtet, das Reichsministerium für die besetzten Ostgebiete (RMO) unter dem langjährigen Parteiideologen der NSDAP Alfred Rosenberg. Er war jedoch von zahlreichen konkurrierenden Institutionen umgeben, insbesondere vom Reichsführer-SS Himmler, der alle Einheiten von SS und Polizei befehligte und zudem als Reichskommissar für die Festigung des deutschen Volkstums großen Einfluss auf die Herrschaftspraxis in den Ostgebieten besaß, sowie von der Vierjahresplanbehörde Görings, die die Federführung in allen wirtschaftlichen Fragen beanspruchte. Zwar zielten Rosenberg und seine Mitarbeiter anders als Himmler und Göring darauf ab, die Bevölkerung im Baltikum und der Ukraine für die Sache der Deutschen zu gewinnen. «Der Krieg gegen die Sowjetunion ist ein politischer Feldzug, kein wirtschaftlicher Raubzug», erklärte das RMO. In der Praxis aber konzentrierten die deutschen Kriegswirtschaftsbehörden jenseits solcher Bekundungen ihre Tätigkeit darauf, alle irgendwie verwertbaren Wirtschaftsgüter zu erfassen und umstandslos ins Reich abzutransportieren.

Für die Mitarbeiter der deutschen Behörden im Osten waren die riesigen Gebiete, die sie nun zu verwalten hatten, in erster Linie Kolonialland und eine Gelegenheit, sich zu bereichern. Die meisten von ihnen stammten aus kleinen Verhältnissen und hatten zuvor nachgeordnete Parteiposten innegehabt: Der Gauobmann der Deutschen Arbeitsfront (DAF) in Ostpreußen wurde zum Generalkommissar der Ukraine in Kiew ernannt; der Leiter der Abteilung Propaganda der Gauleitung Ostpreußen organisierte dort die Judenpolitik. Die Personaldecke war äußerst dünn, und meist waren es kaum mehr als 20, 25 deutsche Funktionsträger, die jeweils ein Gebiet etwa von der Größe Sachsens zu verwalten hatten. Die Korruption blühte, und viele Funktionsträger, auch die unteren, lebten in den Ostgebieten für zwei, drei Jahre ein Herrenleben, in beschlagnahmten Gutshäusern, mit Hauspersonal, Leibgarde und üppigen Geselligkeiten. Aber auch die Vertreter von Privatfirmen nahmen, was sie bekommen konnten, beschlagnahmten Fabriken, ließen von einheimischen Zwangsarbeitern produzieren, was sie ins Reich schickten, und hielten nach Villen oder Adelssitzen Ausschau, in denen sie dereinst nach dem Kriege zu residieren beabsichtigten.

In den besetzten Ländern des Westens und Nordens hingegen bemühten sich die deutschen Behörden zumindest theoretisch, nach dem Prinzip der «Aufsichtsverwaltung» vorzugehen. Danach sollten die einheimischen Administrationen sowohl im regionalen Rahmen wie in der Zentrale weiter arbeiten und von relativ wenigen deutschen Kräften lediglich kontrolliert werden. Das betraf vor allem die Aufsicht über die Polizei, über die Wirtschafts- und Finanzbehörden sowie die Verfolgung der Juden. Weiterreichende politische Zielsetzungen, etwa eine prodeutsche politische Ausrichtung der Verwaltung, waren dagegen nicht vorgesehen. So traf auch die «Kollaborationspolitik» des deutschen Botschafters in Frankreich, Otto Abetz, auf Kritik. «Ich mache keine Kollaboration», bemerkte Hermann Göring. «Kollaboration der Herren Franzosen sehe ich nur in folgendem: wenn sie abliefern, bis sie selber nicht mehr können, wenn sie es freiwillig tun, dann werde ich sagen, ich kollaboriere. Wenn sie alles selbst auffressen, dann kollaborieren sie nicht.»

In der Bevölkerung der von Deutschland besetzten Länder Westeuropas überwog in der ersten Kriegshälfte gegenüber den Besatzern eine attentistische Haltung. Man musste sich mit den Deutschen, solange sie stark waren, wohl oder übel arrangieren. Dabei trafen die deutschen Besatzer im Bürgertum zuweilen auf durchaus wohlwollende Aufnahme, das in ihnen die Garanten von Fortschritt, Ordnungsdenken und Antimarxismus sah, ohne notwendigerweise mit den Deutschen zu kollaborieren. In den Niederlanden, in Norwegen und Dänemark etwa funktionierte die Zusammenarbeit zwischen einheimischer Verwaltung und deutscher Besatzung durchaus gut. An der Ablehnung der Deutschen durch die große Mehrheit der Bevölkerung bestand indes kein Zweifel, und sie verfestigte sich in dem

Maße, in dem die Deutschen ihre Repressionen gegen die Bevölkerung und dann vor allem gegen die Juden verschärften – und militärisch ins Hintertreffen gerieten.

Frankreich war nach dem deutschen Sieg im Sommer 1940 geteilt worden – in eine (bis November 1942) unbesetzte Zone im Süden und eine Besatzungszone in der nördlichen Hälfte sowie an den Küsten. Im Norden herrschte der deutsche «Militärbefehlshaber in Frankreich» mit Sitz in Paris. Insgesamt kontrollierten nicht mehr als 1000 deutsche Offiziere und Militärbeamte die gesamte französische Verwaltung. Im Süden wurde der «État français» eingerichtet, an dessen Spitze, mit Sitz in dem Kurbad Vichy, Marschall Pétain stand, der Held des Ersten Weltkriegs – unter der Parole «Arbeit, Familie, Vaterland» (gegen das republikanische «Freiheit, Gleichheit, Brüderlichkeit»). Die «Vichy-Regierung» arbeitete eng mit den Deutschen zusammen und war ihnen sogar bei der Verfolgung der in Frankreich lebenden Juden behilflich. Hier erhielt der Begriff «Kollaboration» seine bis heute wirkende pejorative Bedeutung.

Auch in Teilen des französischen Bürgertums gab es durchaus gewisse Sympathien für die deutschen Besatzer, zumal diese ja die ungeliebte französische Volksfrontregierung vertrieben hatten. Allerdings stand eine solche Haltung zum tradierten französischen Nationalismus durchaus in Widerspruch, und eine Zusammenarbeit mit den Deutschen etwa im wirtschaftlichen Bereich konnte mit der Hoffnung auf die baldige Niederlage der Deutschen durchaus einhergehen. Für die meisten Menschen aber war hier wie in vielen anderen von Deutschland besetzten Ländern das Bestreben ausschlaggebend, jedes Engagement zu vermeiden und den Krieg zu überleben. Darin sahen sie die einzige Alternative zur Zusammenarbeit mit den Besatzern oder zum Wechsel in die Rolle der Verfolgten.

Ebenso heterogen wie die Formen der Kollaboration waren die Widerstandsbewegungen. In der Regel gab es in den einzelnen Ländern eine bürgerlich-nationalistische Tendenz, eine prowestlich-demokratische Richtung und die kommunistischen Gruppen. Solange die Macht der Deutschen schier unüberwindlich schien, standen die politischen und ideologischen Widersprüche innerhalb der oppositionellen Kräfte zurück. Mit den ersten Niederlagen der Wehrmacht kamen auch die ersten Überlegungen über die Nachkriegsordnung auf, und die politischen Differenzen innerhalb der Widerstandsbewegungen gewannen an Bedeutung.

Die Deutschen hingegen verstanden den Widerstand seit dem Sommer 1941 im Wesentlichen als in allen Besatzungsgebieten einheitlich kommunistisch gelenkten Aufstand, der entsprechend überall und in gleicher Form bekämpft werden müsse, nämlich «mit den schärfsten Mitteln». Das bedeutete vor allem Terror und Geiselnahmen, was die Wut und Erbitterung in der Bevölkerung der besetzten Länder immer weiter bestärkte. Es gelang den Freiheitsbewegungen zwar meist nicht, die deutsche Besatzungsmacht in ernsthafte Schwierigkeiten zu bringen, aber doch deren Sicherheitslage zu beeinträchtigen und erhebliche Kräfte zu binden.

In Polen entstand der organisierte Widerstand bereits nach der Niederlage im Herbst 1939, und die verschiedenen nationalen Widerstandsgruppen sammelten sich in der Armia Krajowa (Heimatarmee), die überwiegend in den Wald- und Sumpfregionen Polens agierte und Mitte 1940 etwa 100 000 Mann umfasste, ohne jedoch größere Aktionen durchführen zu können – ebenso wenig wie die kommunistische Armia Ludowa, die etwa 10 000 Kämpfer umfasste. Dann aber begann am 19. April 1943 der Aufstand im Warschauer Ghetto, bei dem sich die schlecht ausgerüsteten jüdischen Kämpfer zwei Wochen lang gegen die deutschen Truppen hielten. Von der Heimatarmee erhielten sie dabei keine Unterstützung. Als sich dann im Sommer 1944 die Rote Armee der polnischen Hauptstadt näherte, begann die Armia Krajowa ihren Aufstand gegen die deutschen Besatzer. Die sowjetischen Truppen griffen jedoch nicht ein, weil die Heimatarmee in den Augen der Sowjetführung als nationalpolnisch und antikommunistisch galt. So mussten die Aufständischen am 2. Oktober kapitulieren.

Auch in Frankreich begann sich die französische Widerstandsbewegung bereits unmittelbar nach Beginn der deutschen

Besatzung zu formieren. Sie erreichte jedoch zunächst nur geringe Wirksamkeit, zumal sich die Kommunisten wegen des deutsch-sowjetischen Bündnisses an den Aktionen nicht beteiligten. Erst mit dem Beginn des Krieges gegen die UdSSR im Sommer 1941 setzte auch in Frankreich der bewaffnete Widerstand gegen die Deutschen ein, vor allem mit Attentaten und Sprengstoffanschlägen. Darauf reagierten die deutschen Behörden mit Geiselnahmen und Erschießungen, aber es gelang ihnen nicht, die Résistance zu zerschlagen. Die französische Widerstandsbewegung war nicht einheitlich organisiert und geführt, sondern bestand aus zahlreichen Gruppierungen, die in etwa dem Parteienspektrum der Vorkriegszeit entsprachen. Als wichtigste Richtungen galten die gaullistische Armée secrète, die kommunistischen Francs-tireurs et partisans und die nationalistische Organisation de résistance de l'armée. Im Frühjahr 1943 schließlich einigten sich die wichtigsten Widerstandsgruppen auf gemeinsame Ziele und eine gewisse Koordination. Sie übten vor allem Sabotageakte aus, insbesondere gegen Eisenbahnstrecken, halfen Juden und politisch Verfolgten bei der Flucht, verübten Attentate auf deutsche Soldaten und gegen französische Kollaborateure und unterstützten die alliierten Truppen nach deren Landung in der Normandie.

Militärisch waren allerdings nur die Partisanenbewegungen in der Sowjetunion, in Jugoslawien und seit dem Herbst 1943 in Italien ernsthafte Gegner der Deutschen. In den anderen Ländern lag die Bedeutung der nationalen Widerstandsbewegungen vor allem darin, gegen die mit den Besatzern kollaborierenden Eliten in der Verwaltung dafür zu sorgen, dass das eigene Land nach dem Sieg über die Deutschen einen politischen Anspruch darauf erheben konnte, zu den Siegern, nicht zu den Kollaborateuren der Besiegten zu gehören. Gerade für Länder, die mit den Deutschen verbündet gewesen waren, wie Italien, oder deren Regierung mit den Deutschen, wenn auch in steter Distanz, kooperierte, wie Dänemark, war dies von großer Bedeutung.

Volksgemeinschaft im Krieg

Mit Kriegsbeginn hatte das Ordnungsideal der «Volksgemeinschaft» eine neue Bedeutung gewonnen: das deutsche Volk einig gegen eine Welt von Feinden. Leichter als zuvor gelang es, durch die äußere Bedrohung und den Appell an Nation und Patriotismus selbst jene zu integrieren, die Hitlers Staat weiterhin fernstanden. So mussten ja auch jene Soldaten an der Front für die deutsche Sache ihr Leben riskieren, die es nicht mit den Nationalsozialisten hielten. Und angesichts der verheerenden Luftangriffe auf die deutschen Städte stiegen Zorn und Wut über die Feinde auch in denen hoch, die Hitlers Krieg ablehnten.

Schon seit dem Herbst 1941 hatte sich die bis dahin so optimistische, nach dem deutschen Einmarsch in Paris geradezu euphorische Stimmung im Lande zu verändern begonnen. Nach fast einem Jahrzehnt der beständigen Erfolge und Triumphe Hitlers im Innern wie nach außen waren die Deutschen nun erstmals mit Niederlagen und einer Verschlechterung ihrer eigenen Lage konfrontiert. Umso sorgfältiger achtete die Regimeführung darauf, dass die Stimmung der Bevölkerung nicht kippte. Dazu dienten weiterhin niedrige Steuern und hohe Sozialleistungen, vor allem die großzügige Versorgung der Soldatenfamilien, die etwa 70 Prozent des letzten Friedenseinkommens erreichte.

Insbesondere die Lebensmittelversorgung wurde zum beständigen Anlass für Unzufriedenheit und Kritik, und die Erinnerungen an die Hungerwinter im Ersten Weltkrieg waren noch frisch. Schon kurz nach Kriegsbeginn wurde in den Berichten der Exil-SPD vermerkt, dass man im Land nun «viel mehr von Ernährungsfragen spricht als von der Politik. Jeder ist von der Sorge gehetzt, wie komme ich zu meiner Ration?» Als dann aber im Frühjahr 1942 Rationenkürzungen bekannt gegeben wurden, registrierten die Berichterstatter des SD vermehrt Unzufriedenheit und Unmut in der Bevölkerung: Diese Maßnahmen hätten «auf einen großen Teil der Bevölkerung geradezu ‹niederschmetternd› gewirkt, und zwar in einem Ausmaße wie kaum ein anderes Ereignis während des Krieges». Die Stimmung in diesen Bevölkerungskreisen sei «auf einem im Verlauf des Krieges bisher noch nicht erreichten Tiefstand angelangt. Die militärischen Meldungen der letzten Tage wurden durch die Bekanntgabe der Lebensmittelkürzungen vollkommen in den Hintergrund gedrängt.»

Das führte zu erhöhter Nervosität in der Regimeführung, und eilends wurden die Kürzungen wieder rückgängig gemacht. Als Göring das bekannt gab, wies er nachdringlich darauf hin, dass die Wehrmacht ja nun derart große Gebiete in der Sowjetunion erobert habe, dass es zu Einschränkungen bei der Lebensmittelversorgung in Deutschland nie mehr kommen werde: «Zuerst und vor allem in der Stillung des Hungers und der Ernährung kommt das deutsche Volk. Wenn aber durch Maßnahmen des Gegners Schwierigkeiten in der Ernährung auftreten, dann sollen es alle wissen: Wenn gehungert wird, in Deutschland auf keinen Fall!» Indirekt verwies Göring hier auf den Zusammenhang zwischen der Versorgungslage im Reich und der deutschen Strategie im Osten, wo die Zivilbevölkerung und die sowjetischen Kriegsgefangenen millionenfach dem Hungertod preisgegeben wurden, um die Wehrmacht und die deutsche Bevölkerung zu versorgen.

Da im Reich alles rationiert war, wurde die «zweite Ökonomie» immer wichtiger: Der Schwarzmarkt gewann seit der Mitte des Krieges stetig an Bedeutung. Das war in allen kriegführenden Ländern Europas so und kein Ausdruck des Misstrauens der Deutschen gegenüber dem NS-Regime. Aber da auf dem Schwarzmarkt nur kaufen konnte, wer Geld oder wertvolle Tauschware besaß, verstärkte sich die soziale Ungleichheit noch. Der SD meldete denn auch sorgenvoll über Beschwerden aus der Arbeiterschaft, wonach «sich ein großer Teil der sogenannten bessergestellten Kreise aufgrund ihrer Beziehungen und ihres größeren ‹Geldbeutels› zusätzlich zu den ihnen zustehenden Lebensmitteln irgendwelche Mangelware beschafft».

Das Regime versuchte, solchen Tendenzen durch sozialpolitische Verbesserungen entgegenzuwirken, etwa beim Kündigungsschutz für Arbeiter oder der Lohnfortzahlung bei Krankheit. Aber die Kritik an tatsächlichen und vermeintlichen Privilegien der «besseren Kreise» nahm weiter zu.

Die Hauptsorge der meisten Deutschen galt auch nach Kriegsbeginn dem eigenen Fortkommen. Nach Jahrzehnten der Entbehrungen war seit Mitte der Dreißigerjahre endlich ein «normales» Leben mit Arbeitsplatz, festem Einkommen und einer gewissen Zuversicht erreicht worden, das man sich durch die Begleitumstände des Krieges nicht zerstören lassen wollte. Den Krieg verdrängte man, so gut es ging. Restaurants, Bars und Kinos waren voll, Tanzvergnügen und Revuen ausverkauft. Das Publikum verlangte leichte Kost, Unterhaltung und Humor – und bekam sie auch. Werke «pessimistischer oder depressiver Grundhaltung» wurden aus dem Repertoire gestrichen. Die UFA, der größte deutsche Filmkonzern, produzierte mehr als 60 Spielfilme pro Jahr, meist leichte Unterhaltungsfilme. Bis 1941 waren vor allem die amerikanischen Produktionen mit Clark Gable, Errol Flynn und Olivia de Havilland die großen Kassenschlager. Nationalsozialistische Propagandafilme spielten demgegenüber nur eine geringe Rolle, blieben aber nicht ganz ohne Resonanz. Im Radio entfielen von 190 Sendestunden pro Woche 126 auf Unterhaltung und Schlager, wonach nicht zuletzt auch die Soldaten an den Fronten verlangten. Swing-Stücke, von den Nazis lange Jahre als «Negermusik» bekämpft, wurden, nun getarnt als «Schmissige Weisen», immer beliebter. Was der Zufriedenheit der Deutschen diente, wurde von der Partei, in Grenzen, toleriert, selbst wenn es den eigenen ideologischen Grundsätzen widersprach.

Seit 1942 stand Deutschland aber vor allem unter dem Eindruck der Bombenangriffe. Da die Westalliierten noch nicht in der Lage waren, einen Landkrieg auf deutschem Boden zu führen, konzentrierte sich die Strategie von Briten und Amerikanern außer auf die Operationen im Mittelmeerraum auf den Luftkrieg gegen Deutschland. Durch die Luftangriffe sollten

Industrieanlagen, Verkehrswege und Infrastruktur zerstört und die Moral der deutschen Bevölkerung erschüttert werden. Strategisch dienten sie als Unterstützung für die Sowjetunion, die den Krieg gegen die Deutschen seit 1941 nahezu allein führte. Anfang 1943 begannen Briten und Amerikaner ihr Vorgehen bei den Luftangriffen zu koordinieren und die Intensität der Angriffe enorm zu steigern. Es gelang ihnen, die Rüstungsproduktion in zunehmendem Maße zu behindern und ab 1944 teilweise sogar lahmzulegen. Zudem wurden starke deutsche Kräfte im Reich gebunden, darunter etwa ein Drittel der Jagdflugzeuge.

Die Auswirkungen der Bombenangriffe waren fatal: Etwa 600 000 Menschen fanden durch die alliierten Bombenangriffe den Tod, etwa eine Million wurde verletzt. Die deutschen Innenstädte und mit ihnen die Lebensgrundlagen eines Großteils der deutschen Bevölkerung wurden zerstört. In manchen Städten wie Köln, Dortmund oder Duisburg lagen zwei Drittel des Wohnungsbestandes in Schutt und Asche. Das zwang einen Großteil der städtischen Bevölkerung in ländliche Regionen Mittel- und Ostdeutschlands umzusiedeln. Ganze Betriebe wurden mit allem Gerät in «luftsichere» Gebiete verbracht, ebenso Schulen mit allen Schülern und Lehrern. Bei den Ausgebombten und Evakuierten verbreiteten sich Hoffnungslosigkeit und Verbitterung, aber vermutlich hat der Bombenkrieg die Solidarität der Deutschen mit dem NS-Regime eher noch bestärkt als erschüttert.

Vor allem die Kinder litten unter den Bedingungen des Krieges. Sie waren in der Weltsicht des Dritten Reiches und unter Kontrolle der NS-Jugendorganisationen erzogen worden. Auch der Schulunterricht war stark, wenngleich nicht vollständig nationalsozialistisch ausgerichtet. Auch waren die Kinder durch die Evakuierungen und die «Kinderlandverschickung» als Folge der Luftangriffe dem Einfluss der Eltern oft für lange Zeit entzogen. Zudem nahmen für die Älteren die obligatorischen «Dienste» immer mehr zu: im Ernteeinsatz, beim «Landjahr» für Mädchen, als Flakhelfer oder bei der «Luftwarnung». Es ist aber durchaus nicht sicher, dass sich dadurch die gewünschte politische Orientierung im Sinne des Nationalsozialismus tatsächlich festigte. Eher häuften sich die Klagen über Respektlosigkeit und Verwilderung der Jugend. Die Milieubindung der Jugendlichen verlor dadurch an Kraft, und die Selbstständigkeit nahm zu. Das konnte sich auf verschiedene Weise äußern – als Ablehnung von Bevormundung und Autorität wie bei den proletarischen «Wilden Cliquen» oder den bürgerlichen «Swing Boys», aber auch als extremer Fanatismus wie bei manchen HJ-Einheiten, die vor allem in der letzten Kriegsphase nach dem Vorbild der SS buchstäblich bis nach dem letzten Schuss kämpften.

Seit Kriegsbeginn gewann auch die NSDAP wieder an Bedeutung. Ihr gehörten mittlerweile fast zwei Drittel der Bevölkerung an, sei es der Parteiorganisation oder einer der überaus zahlreichen Untergliederungen. Die Partei übernahm immer mehr staatliche oder halbstaatliche Funktionen, etwa durch Familienunterstützung, Mütterbetreuung oder durch Hilfeleistungen nach Luftangriffen, und schuf so ein dichtes Netz aus Unterstützung und Disziplinierung. Sie besorgte eine Lehrstelle für den Sohn, eine Wohnung für die ausgebombte Familie, sie gab politische Beurteilungen ab – und sie konnte dafür sorgen, dass ein Mann «uk-gestellt» wurde, wodurch er im Betrieb für «unabkömmlich» erklärt und nicht zur Wehrmacht eingezogen wurde. Vor allem dies erweiterte die Machtbefugnis der Parteidienststellen enorm.

So entstand ein riesiges Heer an Funktionären: Es gab jeweils Zehntausende von Ortsgruppenleitern, HJ-Führern, Blockwarten, von SD-Spitzeln, Ortsbauernführern, Luftschutzwarten, Flakhelfern, Vertreterinnen der NS-Frauenschaft und der NS-Volkswohlfahrt. Viele von ihnen durften Uniform, manche eine Dienstpistole tragen, und alle wirkten als Sendboten des Regimes. Dabei gehörte die Übernahme «amtlicher» Befugnisse und parzellierter Befehlsgewalt offenbar zu den attraktivsten Seiten des Regimes. Wer ein «Amt» innehatte, verfügte über Einfluss und «Beziehungen». Dabei stand die sprichwörtliche Korrumpierbarkeit der Parteifunktionäre in schreiendem Gegensatz zu den Parolen von der Volksgemeinschaft. Aber die Suche nach Privilegien und Bevorzugungen kennzeichnete das Leben fast aller Deutschen während des Krieges, und selbst wenn diese Form des Aufstiegs nur symbolischer Art war, diente sie doch der sozialen Distinktion oder wenigstens der Verbesserung der eigenen Lage.

Am deutlichsten war das für die Volksgenossen im Verkehr mit den Millionen ausländischen Zwangsarbeitern zu erleben. Schon im Frühjahr 1941 sahen die nationalsozialistischen Behörden das Experiment des ‹Ausländereinsatzes›, dem sie anfangs mit großer Skepsis gegenübergestanden hatten, als weitgehend gelungen an. Es bewies ihnen, dass ein nach rassistischen Kriterien hierarchisiertes Modell einer nationalsozialistischen Gesellschaft tatsächlich funktionierte. Zudem konnte ein solches Herrschaftssystem mithilfe von Terror gegenüber den ‹Fremdvölkischen› sowie durch sichtbare Bevorteilungen der Deutschen die sozialen Spannungen innerhalb der deutschen Klassengesellschaft zwar nicht bedeutungslos machen, aber doch offenbar entschärfen.

Allerdings zeigte die Mehrheit der Deutschen am Schicksal der Ausländer wenig Interesse – die Sorge um das eigene Überleben stand im Vordergrund, das Elend der «Fremdarbeiter» wurde ignoriert. Auch die eigene bevorrechtigte Stellung ihnen gegenüber war nichts, worüber man sich viele Gedanken machte. Dabei wurde dem einzelnen deutschen ‹Volksgenossen› eine aktive Rolle innerhalb dieser rassistischen Hierarchie zugeordnet, und zwar unabhängig von seinem eigenen Wollen. Auch der sozialistische Arbeiter, der in den Dreißigerjahren gegen die Nazis gekämpft hatte, war gegenüber den russischen Kriegsgefangenen oder Zivilarbeiterinnen, die seit 1942 im gleichen Betrieb arbeiteten, bevorrechtigt und sogar weisungsbefugt. Es gab durchaus Fälle, in denen Deutsche den Ausländern halfen, sie mit zusätzlicher Verpflegung versorgten, und auch aus den Betrieben wurde oft von durchaus auskömmlichen Beziehungen zwischen deutschen und ausländischen Arbeitern berichtet. Allerdings waren Kontakte selten. Die Anwesenheit der Ausländer wurde als selbstverständlich genommen, und ebenso selbstverständlich war es, dass sie im gesellschaftlichen Gefüge den Deutschen untertan waren. Die deutsche Gesellschaft funktionierte während der NS-Zeit als Herrschaft der rassisch Privilegierten und Bevorrechtigten, und indem dies zur alltäglichen Routine, zur sozialen Praxis wurde, stabilisierte sich dieser Mechanismus.

Dass die Kriegsführung im Osten eine andere war als die im Westen, war jedem Deutschen bekannt, der auch nur eine einzige Hitlerrede im Radio gehört hatte. Die Wehrmacht, so der Eindruck, den man in Deutschland durch Zeitungen und Wochenschau, aber auch durch die Berichte der Fronturlauber erhielt, war hier von einem unzivilisierten Gegner zu einer barbarischen Kriegführung gezwungen, über die man besser keine Einzelheiten erfuhr. Das galt zumal für die Besatzungspolitik in der Sowjetunion, über die höchstens insoweit geschrieben und gesprochen wurde, als man überzeugt war, dass die hier eroberten riesigen Gebiete nach Zivilisierung und Kolonialisierung durch die Deutschen geradezu verlangten. Die propagandistischen Zerrbilder von den «Russen» als unzivilisierten Wilden wurden dann zwar durch die Millionen von sowjetischen Zwangsarbeitern widerlegt, waren aber wirksam genug, um über das Vorgehen der deutschen Besatzungstruppen im Osten gar nichts Näheres wissen zu wollen: Krieg ist Krieg.

Anders verhielt es sich mit der Verfolgung der Juden. Schon die Zwangsdeportationen der Juden aus den deutschen Städten seit dem Herbst 1941 waren ebenso wie die Versteigerung des Besitzes der Deportierten in aller Öffentlichkeit durchgeführt worden. Überall hingen ja Plakate mit der Aufschrift: «Die Juden sind unser Unglück.» Ein Teil der Deutschen begrüßte die Deportationen, etwa als die Juden in Kolonnen durch die einzelnen Ortschaften zum Bahnhof gebracht wurden, nicht selten begleitet von johlenden Kindern und Jugendlichen. Das war vermutlich eine Minderheit, aber eine lautstarke. Der weitaus größte Teil der Bevölkerung verhielt sich gegenüber den Deportationen zurückhaltend und reagierte gar nicht. Angesichts des Krieges und der riesigen Opferzahlen an der Front, angesichts der Bombenangriffe auf die deutschen Städte und der nach wie vor schwierigen Versorgungslage war das Schicksal der Juden, von denen im Sommer 1941 ja nur noch etwa 165 000 in Deutschland lebten, von offenkundig sehr geringem Interesse.

Allerdings waren die führenden Nationalsozialisten mit Äußerungen über den Judenmord durchaus nicht so zurückhaltend, wie man später vermuten mochte. Reichspropagandaminister Goebbels etwa schrieb am 16. November 1941, als in Berlin die Entscheidungen über das Schicksal der europäischen Juden gefällt wurden, in der Wochenzeitung «Das Reich» einen Leitartikel mit der Überschrift «Die Juden sind schuld» und bezog sich darin auf Hitlers «Prophezeiung» im Reichstag am 30. Januar 1939, als der gedroht hatte, dass ein erneuter Weltkrieg zur «Vernichtung der jüdischen Rasse in Europa» führen werde. Goebbels schrieb dazu: «Wir erleben eben den Vollzug dieser Prophezeiung, und es erfüllt sich damit an den Juden ein Schicksal, das zwar hart, aber mehr als verdient ist [...] Das Weltjudentum erleidet nun einen allmählichen Vernichtungsprozeß, den es uns zugedacht hatte.»

Seit Ende 1941 wurde dann der Strom der Information über die Geschehnisse in der Sowjetunion breiter, insbesondere durch Berichte der Fronturlauber. Vor allem die Hinweise auf Massenerschießungen von Juden und auf Tötungen mit Gas verbreiteten sich rasch. Um aber die vielen einzelnen Informationen zu einem Gesamtbild zusammenzusetzen, bedurfte es eines besonderen Interesses, darüber mehr zu erfahren. Wer ein solches Interesse besaß, konnte bereits seit dem Herbst 1942 über das Geschehen in Osteuropa recht genaue Kenntnisse erlangen und auch die Größenordnungen des Massenmords erahnen. Aber das taten nur wenige, wohl auch weil die Gerüchte darüber so furchtbar waren, dass es leichter war, sie zu verdrängen oder sie für unglaubwürdig zu halten.

Wenn man aber bedenkt, dass in den deutschen zivilen und militärischen Besatzungsverwaltungen in Europa mehrere zehntausend Menschen mit den Deportationen und der Ermordung der Juden direkt oder indirekt beschäftigt waren, so ist die Vorstellung, es habe sich hierbei um ein nur von wenigen Auserwählten geteiltes Geheimnis gehandelt, einigermaßen abwegig. Jedoch war die Hinschlachtung von tausenden und zehntausenden Juden, überwiegend Kindern, Frauen und Alten, bereits während des Krieges mit einer Aura des Schauerlichen und Furchterregenden verbunden, über das man besser schwieg oder das man verdrängte.

Seit der Jahreswende 1942/43 begann die Stimmung der deutschen Bevölkerung allmählich umzuschlagen – die immer gravierenderen Bombenangriffe sowie die Rückschläge an der Ostfront, vor allem in Stalingrad, ließen die Hoffnungen auf ein baldiges Kriegsende geringer werden. So reduzierte sich die soziale Wahrnehmung der Deutschen immer stärker allein auf die eigene Existenz, auf das eigene Überleben und das der Männer, Brüder und Väter an der Front. «Die Einstellung eines Großteils der Bevölkerung», resümierte der SD zum dritten Jahrestag des Kriegsbeginns im Herbst 1942, sei «vielfach durch eine gewisse Resignation gekennzeichnet, die teilweise sogar in stärkerem Maße Anzeichen einer Kriegsmüdigkeit zeigt. Die zunehmenden Versorgungsschwierigkeiten, drei Jahre Einschränkungen auf allen Gebieten des täglichen Lebens, die an Heftigkeit und Umfang ständig zunehmenden feindlichen Luftangriffe, die Sorge um das Leben der Angehörigen an der Front» seien Faktoren, die «immer mehr den Wunsch nach einem baldigen Kriegsende auftreten lassen.»

Das konnte gleichwohl mit fortgeltenden Hoffnungen auf «Vergeltung» und «Endsieg» durchaus parallel gehen. Zwar realisierte der SD in wachsendem Maße kritische Bemerkungen über das Nazi-Regime und seine Funktionäre. Der Führer-Mythos aber war noch wirksam; Hitler trauten die Deutschen nach wie vor beinahe alles zu. Auch die von der deutschen Propaganda systematisch geförderte Angst vor der Roten Armee band viele an das Regime, «Kraft durch Furcht» wurde das halb spöttisch, halb ernst genannt. Sehr auffällig war aber auch, wie oft ausweislich der Berichte von Partei- und SD-Stellen in der Bevölkerung darüber spekuliert wurde, dass «die Terrorangriffe eine Auswirkung der durchgeführten Maßnahmen gegen die Juden» seien und dass, «wenn wir die Juden nicht so schlecht behandelt hätten, wir unter den Terrorangriffen nicht so leiden müßten». Solche Aussagen verwiesen auf eine weitere Quelle der Loyalität zum Regime: die Angst vor der Strafe für den Judenmord.

Auf die Niederlage in Stalingrad reagierte das NS-Regime mit einer massiven Kampagne zur «Totalisierung» des Krieges. Jedem Deutschen müsse nun klar sein, so Goebbels, dass «gleichgültig wie die einzelnen Deutschen zum Nationalsozialismus stehen, wenn wir besiegt würden, jedem der Hals abgeschnitten werde». Nun müssten sich alle Deutschen, ungeachtet ihrer sozialen Stellung, vollständig für den Sieg einsetzen: Deutsche Frauen sollten verstärkt zur Arbeit in der Kriegswirtschaft herangezogen werden, ausländische Arbeiter höhere Leistungen erzielen (auch durch bessere Verpflegung) und nicht kriegswichtige Betriebe stillgelegt werden – so lautete die Kernbotschaft der Propagandakampagne, die ihren Höhepunkt in Goebbels' Rede im Berliner Sportpalast am 18. Februar 1943 hatte, wo er die Versammelten fragte: «Wollt Ihr den totalen Krieg?»

Damit war aber eine bemerkenswerte Umorientierung der propagierten Kriegsziele verbunden. Bis dahin war der Krieg im Osten vornehmlich als Krieg um Lebensraum propagiert worden. Nun wurde er zu einem «Abwehrkampf des kultivierten Europa» gegen die Herrschaft der kommunistischen Sowjetunion. «Europa gegen den Bolschewismus» war von nun an die Zentralparole des Krieges im Osten. Angesichts der Bedrohung durch die Rote Armee sei es vorrangig, «dass die europäischen Völker jetzt alles Trennende zu vergessen haben, dass sie ihre Familienstreitigkeiten bis nach dem Kriege aufschieben müssen und dass es jetzt darum geht, den Brand vom gemeinsamen Hause fernzuhalten». Deutschland als Vormacht eines geeinten Europa gegen die bolschewistische Bedrohung aus dem Osten – das sollte nun die Perspektive für die Nachkriegsordnung sein. Angesichts der Praxis der deutschen Besatzungs- und Deportationspolitik in den westeuropäischen Ländern der vorangegangenen Jahre war dies eine einigermaßen absurde Vorstellung, was nicht bedeutete, dass die Kampagne wirkungslos blieb.

Eine weitere Reaktion des Regimes lag in der Zunahme der Gewalt auch im Innern. Die Zahl der Bestrafungen von «Defätisten» und «Miesmachern» nahm seit 1943 deutlich zu. Die Zahl der Todesurteile vervielfachte sich – von 926 im Jahre 1941 auf 5336 im Jahre 1943. Wegen kritischer Bemerkungen über das Regime oder skeptischer Äußerungen über den Kriegsverlauf wurden nun viele Menschen zum Tode verurteilt. Zwar waren auch weiterhin mehr als drei Viertel aller Aktivitäten der Gestapo gegen die ausländischen Zwangsarbeiter gerichtet, in denen man in zunehmendem Maße eine Gefahr für die innere Sicherheit sah. Aber spätestens seit Mitte 1943 war der Terror des Regimes auch in der deutschen Bevölkerung wieder deutlich spürbar.

So traten im letzten Kriegsdrittel Kriegsmüdigkeit und zunehmende Entpolitisierung, «Kraft durch Furcht» und Führervertrauen, Hoffnung auf das baldige Ende des Krieges wie die Angst davor gleichermaßen und oft gleichzeitig auf. Dabei verloren Einstellungen und Verhalten der Bevölkerung mehr und mehr ihren Bezug zu den sozialen, politischen und zum Teil auch regionalen Zugehörigkeiten. Das hatte viele Ursachen: die fortschreitende Zerstörung der Wohnviertel in den Städten, die Umwälzung der Belegschaften durch Einberufungen zum Militär und Ausländereinsatz, der jahrelange Kriegseinsatz der Männer in sozial durchmischten Wehrmachtseinheiten, Dienstverpflichtungen und Evakuierungen der Frauen und Kinder und auch die Rationierung des Mangels. Die Bindung an die Klasse und das Sozialmilieu, denen man zugehörte, verlor dabei nicht völlig, aber doch zunehmend an Bedeutung. Stattdessen formten sich Schicksalsgemeinschaften, deren Ergehen von geographischen, militärischen, politischen Faktoren abhängig war, und nicht zuletzt vom Zufall.

Widerstand

In der letzten Kriegsphase nahm auch in Deutschland der Widerstand gegen das NS-Regime wieder zu. Es war den Nationalsozialisten bis 1936 gelungen, den Widerstand aus der Arbeiterbewegung weitgehend zu zerschlagen. Viele führende Funktionäre der Gewerkschaften und der SPD waren ins Exil gegangen, andere in Gefängnisse oder Konzentrationslager eingesperrt worden. Die Kommunisten wurden am schärfsten verfolgt; Hunderte waren ermordet, Tausende in Konzentrationslager und, wenn sie diese überlebten, anschließend in Zuchthäuser verbracht worden. Wer freikam, versuchte sich unsichtbar zu machen und zu überleben. Seit dem Krieg gegen die Sowjetunion nahmen die Aktivitäten von Regimegegnern wieder zu, ohne dass daraus schon wirkungsvolle Aktionen entstanden. Aber hier bildeten sich doch in den letzten beiden Kriegsjahren wieder Verbindungen und Kontakte heraus, die es Sozialdemokraten und Kommunisten, christlichen Hitler-Gegnern, Liberalen und Gewerkschaftern ermöglichten, nach Kriegsende relativ schnell wieder politisch aktiv zu werden.

Zweifellos hat es während der gesamten Herrschaftszeit des NS-Regimes zahlreiche und durchaus unterschiedliche Formen des Protests, der Opposition und des Widerspruchs gegeben: in den Kirchen etwa, wie sich am Beispiel des Protests gegen die Krankenmorde besonders deutlich zeigte, oder später im Umfeld der Geschwister Scholl. Auch deuten die zahlreichen, vom SD sensibel erforschten Stimmen der Unzufriedenheit über die soziale Ungleichheit, über die Privilegierung der Bessergestellten oder über Versorgungsmängel auf eine tief gestaffelte Struktur von Kritik oder Dissens in einzelnen Punkten. Das galt allerdings auch für ausgesprochene Parteigänger des Nationalsozialismus, die mit der einen oder der anderen Maßnahme des Regimes nicht einverstanden waren. So gibt es Beispiele von hochrangigen Vertretern des deutschen Besatzungsregimes im Generalgouvernement, die an der Verfolgung und Deportation der Juden in die Vernichtungslager direkt beteiligt waren, aber mit der Kirchenpolitik Hitlers nicht einverstanden waren und dagegen lauten Protest erhoben. Auch gab es in weltanschaulich gefestigten Milieus, so etwa in Teilen des Katholizismus oder in der Arbeiterbewegung, so etwas wie Resistenz gegenüber den Durchdringungsversuchen der NSDAP. Allerdings wurden diese Milieus durch die Dauermobilisierung der deutschen Bevölkerung während des Krieges immer poröser, und insbesondere die junge Generation war gegen die Aufstiegsangebote innerhalb des Funktionärsapparats oder zumal in der Wehrmacht nicht immun.

Die für das Regime gefährlichsten Organisationen des Widerstands kamen jedoch aus den Reihen der Parteigänger und Koalitionspartner des Nationalsozialismus. Es waren vor allem Offiziere, hohe Beamte und Professoren, die im Verlaufe des Krieges in immer schärfere Opposition zur Herrschaft Hitlers und seines Regimes traten. Sie werden meist als «nationalkonservativ» bezeichnet, was aber nicht auf alle zutrifft. Anfangs oft Unterstützer oder gar begeisterte Anhänger der «nationalen Diktatur», wurden sie angesichts der Gefahr einer militärischen Niederlage und des Untergangs des Deutschen Reiches zu Gegnern des NS-Regimes. Bei manchen war es ihr Wissen um die Massenverbrechen des Regimes, an denen einige sogar aktiv beteiligt gewesen waren, das sie in immer größere Distanz zur NS-Herrschaft treten ließ. «Ein wesentliches Moment für die schlechte Gesamtlage», schrieb Claus Schenk Graf von Stauffenberg, «stelle die Behandlung der besetzten Länder dar. Den Anfang vom Ende der militärischen Entwicklung bilde der russische Feldzug, der mit dem Befehl zur Tötung aller Kommissare begonnen habe und mit dem Verhungernlassen der Kriegsgefangenen und der Durchführung von Menschenjagden zwecks Gewinnung von Zivilarbeitern fortgesetzt worden sei.» Es waren relativ kleine Gruppen, die sich hier zusammenfanden, mit insgesamt vielleicht einigen Hundert aktiven Teilnehmern. Dennoch und auch weil Gestapo einen Angriff von dieser Seite nicht erwartete, gelang es ihnen, unentdeckt Diskussionen über Ziele und Prinzipien eines anderen Deutschland zu führen und Pläne für einen Umsturz zu schmieden. Diese führten schließlich zu dem Attentat auf Hitler am 20. Juli 1944, dem ein weitflächiger Aufstand von größeren Teilen der Wehrmacht und die Bildung einer neuen Regierung folgen sollten. Aber da das Attentat misslang, scheiterte der Umsturzversuch und endete mit dem Tod fast aller daran Beteiligten.

Ausschlaggebend für viele der am nationalkonservativen Widerstand Beteiligten war, dass sie den Nationalsozialismus nicht mehr wie dereinst als ordnungspolitische Alternative zum Liberalismus verstanden, sondern selbst als Ausdruck des abzulehnenden «Massenzeitalters» und des Materialismus. So entsprachen die meisten der in den Zirkeln der Verschwörer diskutierten neuen Entwürfe von Staat und Gesellschaft den Konzepten von Deutschnationalen und Nationalkonservativen der Zwanzigerjahre. Erstrebt wurde eine ständisch gegliederte Elitenherrschaft ohne Parlamentarismus, ohne die Kultur der Moderne, aber mit einer harmonischen, volksgemeinschaftlichen Ordnung, durch die Klassenkampf und konfessionelle Spaltung überwunden würden – eine Verbindung von Volksbewegung und autoritärer Führung. Die Idee einer Zukunft im Sinne der westlichen Demokratien hingegen fand sich hier nicht oder kaum am Rande.

Das traf aber auch auf die Kommunisten zu, die zwar als entschlossenste und tatkräftigste Widerstandsgruppe gegen die Herrschaft Nazideutschlands in ganz Europa auftraten und geachtet wurden, deren Konzeptionen für ein Nachkriegsdeutschland sich aber am Vorbild der stalinistischen Sowjetunion orientierten und insofern nur die eine durch die andere Diktatur zu ersetzen trachteten.

Im Bunkerklima des eingeschlossenen Deutschlands waren die Menschen auf den Krieg und das Überleben konzentriert, und es war für sie schwer, Vorstellungen darüber zu entwickeln, wie es weitergehen sollte, solange man nicht sicher war, ob es überhaupt weitergehen würde. So wurden neue, zukunftsgestaltende Ideen eher im Exil erdacht, so etwa bei den Exilgruppen im Umfeld der SPD in Großbritannien, Skandinavien und den USA. Hier war man sich in der Ablehnung des Kommunismus und dem Streben nach einer klassenübergreifenden sozialdemokratischen Volkspartei weitgehend einig. Ähnliche Entwicklungen gab es auch im bürgerlichen Lager, wo das Konzept einer konfessions- und klassenübergreifenden christlich-bürgerlichen Sammlungspartei, die demokratisch, sozial und marktwirtschaftlich ausgerichtet sein sollte, immer mehr Anhänger fand.

In der deutschen Bevölkerung hingegen gab es nach dem 20. Juli keinerlei Anzeichen für Unruhe oder gar Umsturzbereitschaft. Die Stimmungsberichte zeugten vielmehr von der Erleichterung und Freude der Bevölkerung darüber, dass Hitler das Attentat beinahe unverletzt überlebt hatte. «Fast durchweg ist die Bindung an den Führer vertieft und das Vertrauen zur Führung gestärkt worden», hieß es übereinstimmend aus allen Regionen. Das Attentat werde auch von Nicht-Nationalsozialisten abgelehnt, «weil sie überzeugt sind, dass nur der Führer die Lage meistern kann und sein Tod das Chaos und den Bürgerkrieg zur Folge gehabt hätte». Der Führer-Mythos war zwar durch die militärische Entwicklung und die Luftangriffe deutlich ramponiert, aber er funktionierte noch.

Das Ende

Bis Dezember 1944 waren die westlichen wie die östlichen Alliierten bereits nah an die Grenzen des Deutschen Reiches vorgedrungen. Der Krieg war längst entschieden, aber die Kämpfe erreichten zwischen dem Sommer 1944 und dem Frühjahr 1945 noch einmal die höchste Intensität.

Im Dezember 1944 startete die Wehrmacht im Westen eine überraschende Offensive gegen die britischen und amerikanischen Truppen – in den Ardennen, von wo aus sie viereinhalb Jahre zuvor den triumphalen Sieg über Frankreich eingeleitet hatte. Das Ziel war es, die Truppen der Westalliierten weit nach

Westen zurückzudrängen und Zugriff auf die belgischen Nordseehäfen zu erlangen, um die Nachschublinien zu unterbrechen. Anschließend würde man mit massierten Kräften an der Ostfront auch die Rote Armee schlagen können. Tatsächlich verloren die Deutschen in der Ardennen-Offensive mehr als 90 000 Mann und enorme Reserven an Ausrüstung. Gravierender waren die Auswirkungen der Ardennen-Offensive im Verhältnis der Westalliierten zur Sowjetunion. Denn der Vorstoß der Amerikaner ins Reich wurde auf diese Weise um etwa vier Wochen verzögert, sodass die Sowjetunion bei dem Wettlauf der Alliierten um möglichst große Geländegewinne auf Reichsgebiet einen wichtigen Vorsprung erlangte. Die Rote Armee begann bereits am 12. Januar 1945 mit ihrer Winteroffensive, am 21. Januar stieß sie in Ostpreußen auf Reichsgebiet vor, am 29. Januar erreichte sie Königsberg. Die Westalliierten hingegen konnten erst am 8. Februar mit ihrem Sturm auf das Reich beginnen.

In der letzten Kriegsphase traf die Gewalt in nie zuvor erlebtem Ausmaß auch die deutsche Zivilbevölkerung. Die Bombenangriffe der Alliierten wurden in immer stärkerem Maße fortgesetzt. Dresden erlebte am 13. und 14. Februar den größten Brandbombenangriff des Krieges, bei dem die Stadt vollständig zerstört wurde und zwischen 25 000 und 30 000 Menschen umkamen.

Im Osten wurde die deutsche Zivilbevölkerung Opfer der verheerenden Vergeltungswut der sowjetischen Truppen, die fast zwei Jahre lang mehr als 1500 Kilometer durch die zuvor von der Wehrmacht besetzten und auf dem Rückzug weitgehend zerstörten Gebiete ihres Landes nach Westen marschiert waren und nun, als sie die deutsche Grenze in Ostpreußen überschritten, ein unzerstörtes, reiches Land betraten und Rache an den Deutschen nahmen. Die Zahl der dabei umgekommenen deutschen Zivilisten ist schwer zu bestimmen. 24 500 Tote sind exakt ermittelbar, insgesamt wurden bei den Ausschreitungen vermutlich mehr als 90 000 Menschen umgebracht. Die Zahl der von Soldaten der Roten Armee vergewaltigten Frauen allein in Berlin lag bei über 100 000, für das gesamte Reichsgebiet wird die Zahl auf bis zu eine Million geschätzt.

Überall in Ost- und Südosteuropa flüchteten die Deutschen

ins Reichsgebiet – aus der Slowakei, aus Kroatien und Jugoslawien, aus Rumänien; dann vor allem aus den östlichen Regionen Deutschlands. Dabei spielten sich schreckliche Szenen ab: Menschen erfroren, wurden von feindlichen Tieffliegern beschossen oder fielen den sowjetischen Truppen zum Opfer, wenn sie von diesen überholt wurden. In Polen und der Tschechoslowakei begannen die neuen Administrationen sofort nach ihrer Einsetzung damit, die deutschen Einwohner zu erfassen und möglichst schnell abzuschieben. Das ging vielfach in außerordentlicher Brutalität vor sich. Die Deutschen sollten nun jene Formen der Diskriminierung und Repression zu spüren bekommen, die die deutsche Besatzungsmacht selbst jahrelang angewandt hatte. So setzte nun ein monate-, zum Teil jahrelang dauernder Exodus der Deutschen ein. Die Zahl der Flüchtlinge und Vertriebenen, die in die neu gebildeten Besatzungszonen Deutschlands strömten, liegt bei insgesamt etwa 12,5 Millionen. Die Zahl der dabei Umgekommenen ist schwer zu ermitteln, liegt aber nicht unter einer Million.

Auf deutscher Seite waren seit September 1944 in aller Eile improvisierte Verbände des «Volkssturms» aufgestellt worden, bestehend aus jungen und alten Männern, die schlecht bewaffnet, kaum ausgebildet und meist ohne Uniform den alliierten Truppen entgegengeworfen wurden – mit entsprechend hohen Opferzahlen. Von den insgesamt 3,2 Millionen während des Krieges gefallenen deutschen Soldaten starben mehr als die Hälfte in den letzten zehn Kriegsmonaten.

Der Zerfall des Führerstaates in der letzten Kriegsphase ging mit der Dezentralisierung der Entscheidungskompetenzen und verstärkter Willkür einher. Die Gewalt durch Gestapo, NS-Aktivisten oder sogar durch Trupps von Hitlerjungen wurde nun zur Bedrohung für Soldaten wie für Zivilisten. Fliegende Standgerichte ließen ohne lange Beweisführung der Desertion verdächtige Soldaten öffentlich erhängen. Zivilisten, die beim Herannahen fremder Truppen etwa die Kapitulation ihres Ortes forderten oder auch nur Zweifel am Endsieg äußerten, wurden hingerichtet – mit einem Pappschild um den Hals, auf dem stand: «Wegen Feigheit zum Tode verurteilt».

Überall kam es in den letzten Kriegswochen zu Massakern an ausländischen Zwangsarbeitern – wegen tatsächlichen oder vermuteten Plünderungen oder als «Rache» für die Bombardierung deutscher Städte. Oft aber trat hier auch ein Habitus der Apokalypse hervor: Wenn man schon selbst unterging, wollte man vorher noch so viele Feinde töten, wie man nur konnte, und seien es wehrlose Ostarbeiter. Am schrecklichsten aber traf es die KZ-Häftlinge. Im Januar 1945 waren mehr als 700 000 Häftlinge registriert, von denen ein Großteil angesichts der nahenden Fronten in rückwärtige Konzentrationslager gebracht werden sollte. So mussten sich Zehntausende von Häftlingen in Fußmärschen so schnell wie möglich ins Reichsinnere bewegen. Mehr als die Hälfte der evakuierten Häftlinge kam bei diesen Todesmärschen ums Leben, sei es durch Ermordung oder durch Schwäche und Krankheiten.

Die Schlacht um Berlin begann am 16. April und führte schließlich zu einem zweiwöchigen Häuserkampf, im Verlaufe dessen in der Stadt mehr deutsche Zivilisten umkamen als bei allen Luftangriffen auf die Stadt während des Krieges. Hitler, der sich mit einigen Getreuen in den Bunker der Reichskanzlei zurückgezogen hatte, erschoss sich am 30. April. Eine Woche später kapitulierte die Wehrmacht. Der Krieg in Europa war zu Ende und mit ihm das Dritte Reich.

Schluss

Mit Hitler war im Januar 1933 die «Große Rechte» an die Macht gekommen, die seit der Jahrhundertwende in stetig sich verschärfender Opposition zu den Entwicklungen des Liberalismus, der Sozialdemokratie, des Parlamentarismus und der Kultur der Moderne gestanden hatte. Durch die deutsche Niederlage im Ersten Weltkrieg spitzte sich die Auseinandersetzung mit den republikanischen Kräften zu und endete in der Novemberrevolution mit dem Sieg der Linken und der Demokraten.

Sowohl die militärische Niederlage wie der Sieg von Republik und Demokratie jedoch wurden auf der Rechten nicht akzeptiert und als Ausdruck der Herrschaft des westlichen wie östlichen Internationalismus und des Judentums wahrgenommen, auf das sich nun der Hass der extremen Rechten in besonderer Weise richtete. Nachdem die ersten Versuche einer Wiederherstellung der alten Zustände gescheitert waren, ordnete sich die Rechte neu, und in der Weltwirtschaftskrise trat mit der NSDAP eine moderne, «faschistische», Massenbewegung auf den Plan, die sich von den anderen Gruppen des nationalen Lagers nicht programmatisch, sondern durch ihren Fanatismus und ihre Radikalität unterschied und in Hitler einen charismatischen Führer besaß, der den Honoratioren der traditionellen Rechtsparteien deutlich überlegen war. Die hohen Stimmenanteile der NSDAP bei den Wahlen der frühen Dreißigerjahre machten deutlich, dass die Mehrheit der Wähler sich von der Weimarer Republik abgewandt hatte. Das Kalkül der Nationalkonservativen, die NSDAP in einer rechten Koalitionsregierung sowohl zu integrieren wie zu entschärfen, erwies sich hingegen innerhalb weniger Wochen als gescheitert, weil es den Nationalsozialisten in erstaunlich kurzer Zeit gelang, die politischen Gegner zu entmachten, die Institutionen der Republik zu zerstören und eine Einparteiendiktatur zu etablieren, die in ihrer Binnenstruktur ganz auf Hitler als Integrationsinstanz der zum Teil sehr widersprüchlichen Interessen ausgerichtet war.

Nach innen bestand die Zielvorstellung der Nationalsozialisten in der Errichtung der «Volksgemeinschaft» – die Vision des harmonischen nationalen Staates ohne politische, soziale und konfessionelle Gegensätze, ohne Parlament und Parteien. Egalitätspostulate, Fürsorglichkeit und Ausbau wohlfahrtstaatlicher Leistungen waren die eine Seite dieser Politik, politische Unterdrückung aller Gegenkräfte und rassistische Exklusion die andere. Durch die Hierarchisierung der Gesellschaft nicht nach sozialen, sondern nach ethnischen bzw. rassischen Kriterien wurde dem großen Kreis der begünstigten Volksgenossen ein kleiner Teil der Auszuschließenden gegenübergestellt, die für die Probleme der Moderne verantwortlich gemacht wurden: «Gemeinschaftsfremde», Behinderte – und vor allem die Juden.

Nach außen bestand das vorrangige Ziel der Nationalsozialisten in der Wiederherstellung der nationalen Größe durch einen Revanchekrieg. Die schnelle und vollständige Umorientierung von Wirtschaft und Finanzen auf die Kriegsvorbereitung führte zu einem raschen Wiedererstarken der deutschen Volkswirtschaft, aber ebenso rasch zu einer ausweglosen Überdehnung der Ressourcen, die den Eroberungskrieg von einer Option zur Notwendigkeit machte. Die erheblichen Erfolge der deutschen Revisionspolitik verschafften dem Regime eine enorme Reputation in der Bevölkerung. Dies galt ebenso für die wirtschaftliche Stabilisierung und die damit verbundene Verbesserung der Lebensverhältnisse. Hier und nicht allein in Überwachung und Terror liegen die wichtigsten Gründe für die Loyalität in wachsenden Teilen der deutschen Gesellschaft gegenüber dem Regime und für dessen Fähigkeit, erhebliche Teile der Bevölkerung für seine Ziele zu mobilisieren.

Der Beginn des Krieges bedeutete den tiefsten Einschnitt in der Geschichte des Regimes. Aus einer Diktatur, deren Charakter noch in den Kategorien anderer autoritärer und faschistischer Regimes der 1930er Jahre gemessen werden konnte, wurde eine Gewaltherrschaft, die historisch ohne Beispiel war. Bereits in den ersten Kriegswochen begann das Regime mit der Tötung von mehreren zehntausend Behinderten in Deutschland und offenbarte dabei nahezu öffentlich seine Bereitschaft zu staatlichem Massenmord. Die kolonialistisch geprägte, genuin gewalttätige Besatzungspolitik in Polen, der Vernichtungskrieg in der Sowjetunion, schließlich die Ingangsetzung des Genozids an den europäischen Juden bezeichnen die Stationen einer Schreckensherrschaft, die alle bisher gekannten Dimensionen überstieg. Dabei entwickelte sich eine Art von Komplizenschaft zwischen der NS-Führung und Teilen der deutschen Bevölkerung, die sich aus dieser Verbindung bis zum Schluss nicht lösen konnte. Das Ausmaß der Zerstörung, die Zahl der Ermordeten und Gefallenen, der Verstümmelten und Verwundeten, der Unbehausten, der Flüchtlinge, der Waisen am Ende des Krieges war nahezu unfassbar. Die Zahl der Toten des Zweiten Weltkriegs in Europa liegt bei über fünfzig Millionen, jeweils etwa zur Hälfte Soldaten und Zivilisten. Der Kontinent war vom Atlantik bis zur Krim zu großen Teilen verwüstet. Der Furor des Bombenkrieges, der Zusammenbruch der Fronten, die Gewaltexzesse der letzten Kriegsmonate hatten auch den Deutschen jede Illusion über den Ausgang des Krieges genommen. Am Ende dieses von den Deutschen begonnenen Krieges stand eine militärische, politische und moralische Niederlage, wie es sie zuvor in der Geschichte der Neuzeit nicht gegeben hatte.

Zitatnachweise

S. 11, Wehler: Hans-Ulrich Wehler: Deutsche Gesellschaftsgeschichte, Bd. 4, München 2008, S. 203.

S. 14: Reichstag: Abg. Giese, Deutschkonservative Partei, 28.5.1913, Verhandlungen des Reichstags, Stenographische Berichte 290 (1913), S. 5282.

S. 14, Claß: Frymann [d. i. Heinrich Claß]: Wenn ich der Kaiser wär', Leipzig 1912.

S. 17, «Überschätzung der materiellen Güter»: Otto von Gierke: Krieg und Kultur, in: Zentralstelle für Volkswohlfahrt (Hg.), Deutsche Reden, S. 75–101.

S. 17, Plenge: Johann Plenge: 1789 und 1914. Die symbolischen Jahre in der Geschichte des politischen Geistes, Berlin 1916, S. 15 u. 20.

S. 19, Hindenburg: Paul von Hindenburg: Aus meinem Leben, Leipzig 1920, S. 403.

S. 21, Fehrenbach: Deutsche Nationalversammlung im Jahr 1919, Bd. 4, Berlin 1919, S. 2716.m

S. 29, Hitler: Adolf Hitler: Mein Kampf, München 1931, S. 742.

S. 34, Völkischer Beobachter, 25.3.1933, S. 1.

S. 36, Röhm: Ernst Roehm: SA und deutsche Revolution, in: Nationalsozialistische Monatshefte 4 (Juni 1933).

S. 38, Jüdische Rundschau: Jüdische Rundschau Nr. 9, 31.1.1933, S. 1, in: Die Verfolgung und Ermordung der europäischen Juden durch das nationalsozialistische Deutschland, (VEJ), Bd. 1, München 2007, Dok. 1, S. 65–67, hier S. 65.

S. 42, «Gesetz zur Verhütung erbkranken Nachwuchses»: zit. n. Gisela Bock: Zwangssterilisation im Nationalsozialismus. Studien zur Rassenpolitik und Frauenpolitik, Opladen 1986, S. 88, S. 101.

S. 43, Erbbiologen: Robert Ritter: Primitivität und Kriminalität, in: Monatsschrift für Kriminalbiologie und Strafrechtsreform, Jg. 31 (1940), S. 198–210, hier S. 200 ff.

S. 43, Zahl der KZ-Insassen: Karin Orth: Das System der nationalsozialistischen Konzentrationslager. Eine politische Organisationsgeschichte, Hamburg 1999, S. 51.

S. 44, Hitler: Hitler vor dem Kabinett, 8.2.1933, Akten der Reichskanzlei, Regierung Hitler: Die Regierung Hitler, Teil I, 1933/34, bearb. v. K. H. Minuth, Bd. I, 30.1.–31.8.1933, Boppard 1983, S. 50 f.; Hitler vor Befehlshabern des Heeres und der Marine, 3.2.1933, in: Josef Becker, Ruth Becker (Hg.): Hitlers Machtergreifung 1933. Vom Machtantritt Hitlers 30. Januar 1933 bis zur Besiegelung des Einparteienstaates 14. Juli 1933, München 1983, Nr. 13, S. 40 f.

S. 44, Rüstungsausgaben: Adam Tooze: Ökonomie der Zerstörung. Die Geschichte der Wirtschaft im Nationalsozialismus, München 2007, S. 91.

S. 46, Exil-SPD: Deutschland-Berichte der Sozialdemokratischen Partei Deutschlands 1934–1940, hg. von Klaus Behnken, Frankfurt am Main 1980 (Sopade-Berichte), März 1936, S. 310; April 1936, S. 465, S. 468.

S. 46, Benn: Gottfried Benn: Antwort an die literarischen Emigranten (1933), in: ders., Gesammelte Werke in 8 Bänden, hrsg. v. Dieter Wellershoff, Bd. 7, München 1975, S. 1701; Auslassung nicht markiert.

S. 47, Hitler 1934: zit. n. Bernd Jürgen Wendt: Deutschland 1933–1945. Das «Dritte Reich», Hannover 1995, S. 248.

S. 52, «Alle Welt ist begeistert»: André François-Poncet: Als Botschafter in Berlin 1931–1938, Mainz 1947, S. 267; William L. Shirer: Berliner Tagebuch. Aufzeichnungen 1934–1941, hg. von Jürgen Schebera, Leipzig, Weimar 1991, S. 68.

S. 53, Hitlers Denkschrift, August 1936, in: Herbert Michaelis, Ernst Schraepler (Hg.): Ursachen und Folgen. Vom deutschen Zusammenbruch 1918 und 1945 bis zur staatlichen Neuordnung Deutschlands in der Gegenwart, 26 Bde., Berlin 1958–1979, Bd. 10, S. 534–542.

S. 53, Hitler im November 1937: Hoßbach-Protokoll, 5.11.1937, ebd., Bd. 11, S. 545–556, hier S. 549, Auslassung nicht gekennzeichnet.

S. 57, «Aktionen grössten Stils»: Notiz des Gauleiters von Wien, Globocnik, über die Anweisung durch Goebbels, undat., in: VEJ, Bd. 2, Dok. 133, S. 385–387.

S. 57, örtliche Parteistellen: Antworten auf die Rundverfügung der Stapostelle Bielefeld, 14.11.1938, in: Otto D. Kulka, Eberhard Jäckel (Hg.): Die Juden in den geheimen Stimmungsberichten 1933–1945, Düsseldorf 2004, Nr. 357–370, S. 313–324.

S. 57, Der französische Geschäftsträger in Berlin: Bericht des französischen Geschäftsträgers in Berlin an den französischen Außenminister, 15.11.1938, in: VEJ, Bd. 2, Dok. 156, S. 457–461, hier S. 460.

S. 58, Göring: Göring bei der Konferenz im Reichsluftfahrtministerium über die wirtschaftlichen Folgen der Pogrome am 12.11.1938, VEJ Bd. 2, Dok. 146, S. 408–437, Zit. S. 436.

S. 59, Hitler: Hitler vor dem Großdeutschen Reichstag, IV Wahlperiode 1. Sitzung, vom 30.1.1939, in: VEJ, Bd. 2, Dok. 248, S. 678–680, hier S. 680.

S. 60, Hácha: Abkommen Hitler-Hácha, 14.3.1939, in: Akten zur deutschen auswärtigen Politik (ADAP): 1918–1945, Serie D: 1937–1941, Bd. 4, Baden-Baden 1956, Nr. 229.

S. 63, Beobachter der Sopade aus Südwestdeutschland: Sopade-Berichte, August–Oktober 1939, S. 975–983.

S. 64, Bericht aus Augsburg: Bericht d. Kreisleiters von Augsburg, 9.7.1940; Reg.präs. v. Schwaben, 9.7.1940, zit. n. Ian Kershaw: Hitler, 2 Bde., Stuttgart 1998–2000, Bd. 2, S. 407.

S. 64, Sopade-Berichterstatter: Sopade-Berichte, August–Oktober 1939, S. 975–983; Januar 1940, S. 29 f.

S. 67, Hitler-Befehl: Weisung Nr. 21, Fall Barbarossa, 18.12.1940, BA-MA, RW 4/ v. 522.

S. 68, Hitler, Danzig: Weisung Hitlers an die Wehrmacht am 11.4.1939, in: Der Prozess gegen die Hauptkriegsverbrecher vor dem Internationalen Militärgerichtshof (IMT), Nürnberg 14.11.1945–1.10.1946, Bd. 31, Nürnberg 1948, Bd. 27, Dok. 079-L, S. 548.

S. 68, Hitler, «Niederer Lebensstandard»: Vortrag Hitlers am 17.10.1939, Nbg. Dok. PS-864, IMT, Bd. 26, S. 378–380.

S. 69, Hitler, «Vernichtung Polens»: Hitler zu den Befehlshabern der Wehrmacht am 22. August 1939, ADAP, D7, S. 172.

S. 69, Hans Frank: Hans Frank: Das Diensttagebuch des deutschen Generalgouverneurs in Polen 1939–1945, hg. v. Werner Präg u. Wolfgang Jacobmeyer, Stuttgart 1975, S. 73.

S. 69, Hitler, «neue Ordnung»: Hitler vor dem Deutschen Reichstag, 6.10.1939, in: VEJ, Bd. 4, Dok. 17, S. 99–102.

S. 74, Hitler, «Euthanasie»: Aussage von Dr. Karl Brandt vor dem US-Militärgerichtshof in Nürnberg, Fall I, zit. n. Eugen Kogon (Hg.): Nationalsozialistische Massentötungen durch Giftgas. Eine Dokumentation, Frankfurt am Main 1983, S. 303.

S. 74, Geheimer Führererlass: Nbg. Dok. NO-824, zit. n. Ernst Klee (Hg.): Dokumente zur «Euthanasie», Frankfurt am Main 1985, S. 85.

S. 77, Hitler, «Ureinwohner»: Adolf Hitler am 17.10.1941, in: Adolf Hitler: Monologe im Führer-Hauptquartier. 1941–1944, hg. v. Werner Jochmann, Hamburg 1980, S. 90 f.

S. 78, Hitler, «Vernichtungskampf»: Adolf Hitler am 30.3.1941, in: Franz Halder: Kriegstagebuch, hg. v. Hans-Adolf Jacobsen, Stuttgart 1962–1964, Bd. 2, S. 335 ff.

S. 78, Besprechung 2.5.1941: Aktennotiz, 2.5.1941, Nbg. Dok. PS-2718, IMT, Bd. 31, S. 84.

S. 78, Wirtschaftspolitischen Richtlinien: Wirtschaftspolitische Richtlinien für Wirtschaftsorganisation Ost, Gruppe Landwirtschaft, 23.5.1941, Nbg. Dok. 126-EC, IMT, Bd. 36, S. 135–157.

S. 79, «12 Gebote»: Aktennotiz über die Besprechung der Staatssekretäre am 2.5.1941 über die wirtschaftlichen Ziele des Kriegs gegen die Sowjetunion, IMT Bd. 31, S. 84; Anweisung Backes an die Kreislandwirtschaftsführer über das Verhalten gegenüber Russen in den Besatzungsgebieten vom 1.6.1941, Abdruck in: Reinhard Rürup (Hrsg.), Der Krieg gegen die Sowjetunion 1941–1945. Eine Dokumentation, Berlin 1991, S. 46.

S. 80, Halder: Franz Halder: Eintrag vom 11.8.1941, in: ders., Kriegstagebuch, Bd. 3, S. 170.

S. 80, Hitler, «großrussische» Bevölkerung»: Hitler am 8.7.1941, in: Halder, Kriegstagebuch, Bd. 3, S. 53.

S. 81, Göring, Reihenfolge: Göring am 16.9.1941, Nbg. Dok. 003-EC, IMT, Bd. 36, S. 107.

S. 81, deutscher Gefreiter: Gefr. Emil E., 29.10.1941, zit. n. Sven Oliver Müller: Nationalismus in der deutschen Kriegsgesellschaft 1939–1945, in: Echternkamp (Hg.), Kriegsgesellschaft, S. 9–92, hier S. 85.

S. 84, Meldung der Arbeitsverwaltung: Vortrag Mansfeld am 19.2.1942, Aktenvermerk WiRüAmt, in: Nbg. Dok. PS-1201. zit. n. Ulrich Herbert: Fremdarbeiter. Politik und Praxis des «Ausländer-Einsatzes» in der Kriegswirtschaft des Dritten Reiches, Bonn 1986, S. 176.

S. 86, Heydrich: Heydrich an Ribbentrop, 24.5.1940, PAA Inl. II g 177.

S. 87, Himmler: Helmut Krausnick: Denkschrift Himmlers über die Behandlung der Fremdvölkischen im Osten, in: VfZ 5 (1957), S. 194–198.

S. 88, «auch Frauen und Kinder»: Funkspruch SS-Kavallerie Regiment 2, 1.8.1941, zit. n. Johannes Hürter: Hitlers Heerführer. Die deutschen Oberbefehlshaber im Krieg gegen die Sowjetunion 1941/42, München 2007, S. 558.

S. 91, Hitler 25. Oktober: Hitler am 25.10.1941, in: ADAP, Serie D, Bd. XIII, Anhang II, S. 835–837.

S. 91, Rosenberg: Rede von Reichsminister Rosenberg anlässlich des Presseempfangs am Dienstag, 18. November 1941, 15.30 Uhr, im Sitzungssaal des Reichsministeriums für die besetzten Ostgebiete (Entwurf, vertraulich); PAAA, R 105192 DIX 472.

S. 92, Goebbels: Joseph Goebbels: Eintrag vom 13.12.1941, in: ders., Die Tagebücher, hg. v. Elke Fröhlich, 32 Bde., München 1993–2008, Teil II, Bd. 2, S. 498 f.

S. 92, Frank: Rede Franks, 16.12.1941, in: Frank, Diensttagebuch, S. 457 f., [Auslassungen nicht gekennzeichnet].

S. 93, Wannseekonferenz: Protokoll der Wannseekonferenz, gedr. u. a. in Mark Roseman: Die Wannsee-Konferenz. Wie die NS-Bürokratie den Holocaust organisierte, Berlin, München 2002, S. 170–184.

S. 94, Anweisung Himmlers: Himmler am 19.7.1942, VEJ, Bd. 9, Dok. 96.

S. 95, Himmler am 16. Dezember 1942: Befehl d. RFSS v. 16.12.1942, zit. Michael Zimmermann: Rassenutopie und Genozid. Die nationalsozialistische «Lösung der Zigeunerfrage», Hamburg 1996, S. 301.

S. 97, Himmler im April 1943: Rede Himmlers vor SS-Führern in Charkov, 24.4.1943, zit. n. Heinrich Himmler: Geheimreden 1933 bis 1945 und andere Ansprachen, hg. v. Bradley F. Smith, Frankfurt am Main, Berlin 1974, S. 186.

S. 99, Himmler, «Für nichtdeutsche Bevölkerung»: Heinrich Himmler, Einige Gedanken über die Behandlung der Fremdvölkischen im Osten (Mai 1940), in: Josef Ackermann: Heinrich Himmler als Ideologe, Göttingen 1970, Dok. 37, S. 299.

S. 100, RMO: Otto Bräutigam, Allgemeine Richtlinien für die politische und wirtschaftliche Verwaltung der besetzten Ostgebiete, o. D.; gedr. in: Robert Gibbons, Dokumentation, in: VfZ 25 (1977), S. 257–261, hier: S. 259.

S. 101, Göring: Besprechung Görings mit den Reichskommissaren und Vertretern der Militärbefehlshaber für die besetzten Gebiete am 6.8.1942, Nbg. Dok. USSR-170, IMT Bd. 34, S. 391.

S. 103, «mit den schärfsten Mitteln»: Chef OKW, 16.9.1941, BA-MA, RW 35/543, S. 19 ff.

S. 105, Berichte der Exil-SPD: Sopade-Berichte, August–Oktober 1939, S. 975–983; Januar 1940, S. 29 f.

S. 106, SD: Meldungen aus dem Reich. Die geheimen Lageberichte des Sicherheitsdienstes der SS, 1938–1945, hg. v. Heinz Boberach, Herrsching 1984, Bd. 9, 23.3.1942, S. 3505.

S. 106, Rede Hermann Görings, 4.10.1942, gedr. in Götz Aly (Hg.), Volkes Stimme. Skepsis und Führervertrauen im Nationalsozialismus, Bonn 2006, S. 149–194.

S. 106, SD: Meldungen aus dem Reich, Bd. 9, 23.3.1942, S. 3505; Auslassungen nicht gekennzeichnet.

S. 107, Werke «pessimistischer oder depressiver Grundhaltung»: Birthe Kundrus: Totale Unterhaltung? Die kulturelle Kriegsführung 1939 bis 1945 in Film, Rundfunk und Theater, in: DRZW, Bd. 9.2, S. 93–157, hier S. 114.

S. 112, Goebbels: Joseph Goebbels, «Die Juden sind schuld!», in: Das Reich, 16.11.1941.

S. 113, SD: Meldungen aus dem Reich, Bd. 11, 3.9.1942, S. 4164.

S. 114, Berichte von Partei- und SD-Stellen: Berichte d. NSDAP Kreisschulungsamts Rothenburg/T., 22.10.1943, und d. SD-Außenstelle Schweinfurt, o. D., 1944, in: Kulka/Jäckel, Die Juden, S. 532, S. 537.

S. 114, Goebbels: Ministerkonferenz, 21.1.1943, in: Willi A. Boelcke (Hg.): Wollt Ihr den totalen Krieg? Die geheimen Goebbels-Konferenzen 1939–1943, Stuttgart 1967, S. 322–324, hier S. 324.

S. 114, «Wollt Ihr den totalen Krieg»: Helmut Heiber (Hg.): Goebbels Reden 1932–1945, Bindlach 1991, S. 203–205.

S. 114, «Europa gegen den Bolschewismus»: Propagandaministerium, Ministervorlage Taubert vom 31.1.1943, zit. n. Herbert, Fremdarbeiter, S. 240.

S. 115, Zahl der Todesurteile: Nikolaus Wachsmann, Gefangen unter Hitler. Justizterror und Strafvollzug im NS-Staat, München 2006, S. 195–239, S. 451.

S. 117, Stauffenberg: zit. n. Hans Mommsen: Die Stellung der Militäropposition im Rahmen der deutschen Widerstandsbewegung gegen Hitler, in: ders., Alternative zu Hitler, Studien zur Geschichte des deutschen Widerstandes, München 2000, S. 366–383, hier S. 372, 374.

S. 119, «Bindung an den Führer vertieft»: Meldungen aus dem Reich, Bd. 17, 28.7.1944, S. 6684; 2. Zitat: Präsident des OLG Nürnberg, zit. n. Kershaw, Hitler-Mythos, S. 187 f.

Literaturhinweise

Überblicke und Gesamtdarstellungen

Benz, Wolfgang: Geschichte des Dritten Reiches, München 2000.

Broszat, Martin: Der Staat Hitlers. Grundlegung und Entwicklung seiner inneren Verfassung, München 1969.

Evans, Richard J.: Das Dritte Reich, 3 Bde., München 2004–2009.

Frei, Norbert: Der Führerstaat. Nationalsozialistische Herrschaft 1933 bis 1945, München 1987.

Herbert, Ulrich: Geschichte Deutschlands im 20. Jahrhundert, München 2014.

Herbst, Ludolf: Das nationalsozialistische Deutschland 1933–1945. Die Entfesselung der Gewalt: Rassismus und Krieg, Frankfurt am Main 1996.

Jarausch, Konrad H.: Out of ashes. A new history of Europe in the twentieth century, Princeton 2015.

Kershaw, Ian: Hitler, 2 Bde., Stuttgart 1998–2000.

Kershaw, Ian: Der NS-Staat. Geschichtsinterpretationen und Kontroversen im Überblick, Reinbek bei Hamburg, 4. Aufl. 2006.

Longerich, Peter: Hitler. Biographie, München 2015.

Mazower, Mark: Hitlers Imperium. Europa unter der Herrschaft des Nationalsozialismus, München 2009.

Mommsen, Hans: Zur Geschichte Deutschlands im 20. Jahrhundert. Demokratie, Diktatur, Widerstand, München 2010.

Raphael, Lutz: Imperiale Gewalt und mobilisierte Nation. Europa 1914–1945, München 2011.

Stargardt, Nicholas: Der deutsche Krieg. 1939–1945, Frankfurt am Main 2015.

Thamer, Hans-Ulrich: Verführung und Gewalt. Deutschland 1933–1945, Berlin 1986.

Ullrich, Volker: Adolf Hitler. Die Jahre des Aufstiegs 1889–1939. Biografie, Frankfurt am Main 2013.

Wehler, Hans-Ulrich: Deutsche Gesellschaftsgeschichte, Bd. 4, München 2008.

Weinberg, Gerhard L.: Eine Welt in Waffen. Die globale Geschichte des Zweiten Weltkriegs, Stuttgart 1995.

Winkler, Heinrich August: Der lange Weg nach Westen, 2 Bde., München 2000.

Studien zu einzelnen Themen

Aly, Götz: «Endlösung». Völkerverschiebung und der Mord an den europäischen Juden, Frankfurt am Main 1995.

Aly, Götz: Hitlers Volksstaat. Raub, Rassenkrieg und nationaler Sozialismus, Frankfurt am Main 2005.

Aly, Götz: Warum die Deutschen? Warum die Juden? Gleichheit, Neid und Rassenhass 1800–1933, Frankfurt am Main 2011.

Bajohr, Frank/Pohl, Dieter: Der Holocaust als offenes Geheimnis. Die Deutschen, die NS-Führung und die Alliierten, München 2006.

Bajohr, Frank: «Arisierung» in Hamburg. Die Verdrängung der jüdischen Unternehmer 1933–1945, Hamburg 1997.

Bankier, David: Die öffentliche Meinung im Hitler-Staat. Die «Endlösung» und die Deutschen, eine Berichtigung, Berlin 1995.

Bartov, Omer: Hitlers Wehrmacht. Soldaten, Fanatismus und die Brutalisierung des Krieges, Reinbek bei Hamburg 1995.

Blatman, Daniel: Die Todesmärsche 1944–45. Das letzte Kapitel des nationalsozialistischen Massenmords, Reinbek bei Hamburg 2011.

Bock, Gisela: Zwangssterilisation im Nationalsozialismus. Studien zur Rassenpolitik und Frauenpolitik, Opladen 1986.

Borodziej, Włodzimierz: Geschichte Polens im 20. Jahrhundert, München 2010.

Echternkamp, Jörg (Hg.): Die deutsche Kriegsgesellschaft 1939 bis 1945 (Das Deutsche Reich und der Zweite Weltkrieg, hg. vom Militärgeschichtlichen Forschungsamt, Bde. 9/1 und 9/2) München 2004/05.

Friedländer, Saul: Das Dritte Reich und die Juden, 2 Bde., München 1998–2006.

Gerlach, Christian: Kalkulierte Morde. Die deutsche Wirtschafts- und Vernichtungspolitik in Weißrußland 1941 bis 1944, Hamburg 1999.

Hartmann, Christian: Unternehmen Barbarossa. Der deutsche Krieg im Osten 1941–1945, München 2011.

Heim, Susanne (Hg.): «Wer bleibt, opfert seine Jahre, vielleicht sein Leben». Deutsche Juden 1938–1941, Göttingen 2010.

Herbert, Ulrich: Fremdarbeiter. Politik und Praxis des «Ausländer-Einsatzes» in der Kriegswirtschaft des Dritten Reiches, Bonn 1986.

Herbert, Ulrich: Best. Biographische Studien über Radikalismus, Weltanschauung und Vernunft, 6. Aufl. München 2016.

Herbert, Ulrich, Karin Orth, Christoph Dieckmann (Hg.): Die nationalsozialistischen Konzentrationslager – Entwicklung und Struktur, 2 Bde., Frankfurt am Main 2002.

Kershaw, Ian: Das Ende. Kampf bis in den Untergang. NS-Deutschland 1944/45, München 2013.

Longerich, Peter: Politik der Vernichtung. Eine Gesamtdarstellung der nationalsozialistischen Judenverfolgung, München, Zürich 1998.

Meyer, Ahlrich: Die deutsche Besatzung in Frankreich 1940–1944. Widerstandsbekämpfung und Judenverfolgung, Darmstadt 2000.

Mommsen, Hans: Alternative zu Hitler. Studien zur Geschichte des deutschen Widerstandes, München 2000.

Müller, Rolf-Dieter (Hg.): Der Zusammenbruch des Deutschen Reiches 1945 (Das Deutsche Reich und der Zweite Weltkrieg, hg. vom Militärgeschichtlichen Forschungsamt, Bde. 10/1 und 10/2), München 2008.

Neutatz, Dietmar: Träume und Alpträume. Eine Geschichte Russlands im 20. Jahrhundert, München 2013.

Orth, Karin: Das System der nationalsozialistischen Konzentrationslager. Eine politische Organisationsgeschichte, Hamburg 1999.

Overy, Richard J.: Die Wurzeln des Sieges. Warum die Alliierten den Zweiten Weltkrieg gewannen, Stuttgart, München 2000.

Pohl, Dieter: Die Herrschaft der Wehrmacht. Deutsche Militärbesatzung und einheimische Bevölkerung in der Sowjetunion 1941–1944, München 2008.

Pohl, Dieter: Verfolgung und Massenmord in der NS-Zeit 1933–1945, Darmstadt 2003.

Recker, Marie-Luise: Die Außenpolitik des Dritten Reiches, München 2010.

Rousso, Henry: Vichy. Frankreich unter deutscher Besatzung 1940–1944, München 2009.

Spoerer, Mark: Zwangsarbeit unter dem Hakenkreuz. Ausländische Zivilarbeiter, Kriegsgefangene und Häftlinge im Deutschen Reich und im besetzten Europa 1939–1945, Stuttgart, München 2001.

Steinbacher, Sybille: Auschwitz. Geschichte und Nachgeschichte, München 2004.

Süß, Dietmar: Tod aus der Luft. Kriegsgesellschaft und Luftkrieg in Deutschland und England, München 2011.

Tooze, Adam: Ökonomie der Zerstörung. Die Geschichte der Wirtschaft im Nationalsozialismus, München 2007.

Wachsmann, Nikolaus: KL. Die Geschichte der nationalsozialistischen Konzentrationslager, München 2016.

Wildt, Michael: Generation des Unbedingten. Das Führungskorps des Reichssicherheitshauptamtes, Hamburg 2002.

Wildt, Michael: Volksgemeinschaft als Selbstermächtigung. Gewalt gegen Juden in der deutschen Provinz 1919 bis 1939, Hamburg 2007.

Woller, Hans: Geschichte Italiens im 20. Jahrhundert, München 2010.

Zimmermann, Michael: Rassenutopie und Genozid. Die nationalsozialistische «Lösung der Zigeunerfrage», Hamburg 1996.

Personenregister

«Europäische Geschichte im 20. Jahrhundert»
Herausgegeben von Ulrich Herbert

Walther L. Bernecker
Geschichte Spaniens im 20. Jahrhundert
2010. 379 Seiten mit 7 Karten. Gebunden

Wlodzimierz Borodziej
Geschichte Polens im 20. Jahrhundert
2010. 489 Seiten mit 9 Karten. Gebunden

Franz-Josef Brüggemeier
Geschichte Großbritanniens im 20. Jahrhundert
2010. 463 Seiten mit 4 Karten. Gebunden

Marie-Janine Calic
Geschichte Jugoslawiens im 20. Jahrhundert
2010. 415 Seiten mit 6 Karten. Gebunden

Ulrich Herbert
Geschichte Deutschlands im 20. Jahrhundert
2014. 1451 Seiten. Gebunden

Dietmar Neutatz
Träume und Alpträume
Eine Geschichte Russlands im 20. Jahrhundert
2013. 688 Seiten mit 5 Karten. Gebunden

Jakob Tanner
Geschichte der Schweiz im 20. Jahrhundert
2. Auflage. 2015. 679 Seiten mit 2 Karten. Gebunden

Hans Woller
Geschichte Italiens im 20. Jahrhundert
2010. 480 Seiten mit 3 Karten. Gebunden

Verlag C.H.Beck München

C.H.BECK WISSEN

Mit Hitler kam im Januar 1933 die «Große Rechte» an die Macht, die seit der Jahrhundertwende in stetig sich verschärfender Opposition zu den Entwicklungen des Liberalismus, der Sozialdemokratie, des Parlamentarismus und der Kultur der Moderne gestanden hatte. Nach innen ging es dem neuen NS-Regime um die Errichtung einer rassisch definierten «Volksgemeinschaft», nach außen um die Wiederherstellung der nationalen Größe durch einen Revanchekrieg. Mit Beginn des Zweiten Weltkriegs steigerte sich die Herrschaft des Dritten Reiches zu einer Gewaltherrschaft ohne Beispiel, die den staatlich in Gang gesetzten Massenmord an den Juden ebenso einschloss wie eine kolonialistische Besatzungspolitik in Polen und den Vernichtungskrieg gegen die Sowjetunion.

Ulrich Herbert, einer der renommiertesten deutschen Zeithistoriker, schildert in diesem Band der Reihe «Wissen» die Geschichte des Dritten Reiches von seinen Anfängen bis zu seinem Untergang. Ebenso faktenreich wie analytisch klar und präzise bietet sein Band eine brillante Einführung in das dunkelste Kapitel der deutschen Geschichte.

Ulrich Herbert ist Professor für Neuere und Neueste Geschichte an der Albert-Ludwigs-Universität in Freiburg im Breisgau. Er ist u.a. Herausgeber der Reihe «Europäische Geschichte im 20. Jahrhundert», in der auch sein großes Werk «Geschichte Deutschlands im 20. Jahrhundert» erschienen ist, das 2014 mit dem Bayerischen Buchpreis in der Kategorie «Sachbuch» ausgezeichnet wurde.

Zuletzt erschien von ihm bei C.H.Beck: «Best. Biographische Studien über Radikalismus, Weltanschauung und Vernunft. 1903–1989» (2016).

Ulrich Herbert

DAS DRITTE REICH

Geschichte einer Diktatur

Verlag C.H.Beck

Originalausgabe

Satz: Fotosatz Amann, Memmingen
Druck und Bindung: Druckerei C.H.Beck, Nördlingen
Umschlaggestaltung: Uwe Göbel, München
Umschlagabbildung: Detail aus einem NS-Propagandaplakat 1937/
Richard Klein © akg-images, Berlin
Printed in Germany
ISBN 978 3 406 69778 4

www.beck.de